KB119781

빅 머니 에너지

BIG MONEY ENERGY

빅 머니 에너지

BIG MONEY ENERGY

돈이 따라붙는 부자들의 사소한 행동 설계

라이언 서핸트 지음 | 배지혜 옮김

위즈덤하우스

책에 등장하는 일화의 세부사항과 등장인물의 이름은 수정하여 인용했다. 첫 거래를 성사시킨 지 10년도 더 지났지만, 나는 내가 거래했던 집들의 주소를 전부 기억한다. 그러나 당사자들과 주고받은 대화의 세부사항까지는 완벽하게 기억해낼 수 없었다. 이런 대화는 최대한 기억을 되살려 사실에 가깝게 재구성했다는 점을 밝혀둔다.

차례

Part 1   빅 BIG

Part 2   머니 MONEY

Part 3   에너지ENERGY

빅 머니 에너지,
성공의 기운이란 무엇일까?

당신이 이 책을 선택한 이유는 간절히 바라는 무언가가 있기 때문일 것이다. 들어가고 싶은 직장이 있거나, 돈을 더 많이 벌고 싶거나, 지금보다 여유로운 생활을 하고 싶거나, 아니면 삶을 원하는 방향으로 이끌어가는 동안 험한 세상에 맞설 용기를 얻고 싶어서였을 수도 있다.

더 나은 삶을 갈망하는 기분이 어떤지 나도 잘 안다. 10년 전만 해도 나는 띄엄띄엄 들어오는 중개 수수료로 근근이 먹고살았다. 간신히 입에 풀칠 정도만 하면서 하루하루를 버텼다. 그런데 주변을 돌아보면 성공한 사람이 넘쳐났고, 그런 사람들에게서는 성취감과 자신감이 후광처럼 뿜어져 나오는 것 같아 눈이 부셨다. 걸음걸이나 손짓, 말투, 웃음에서 성공의 기운이 느껴진다고나 할까.

명확히 해두자면, 눈에 보이는 치장이나 사회적 지위를 이야기하는 것이 아니다. 나는 명품 시계를 살 능력도 없었지만 그런 시계를 찬다고 해서 갑자기 내 삶이 달라지리라고 생각한 적은 없다. 하지만 자신감에 찬 걸음걸이로 내 옆을 스쳐 지나가는 그들을 닮고 싶다는 마음은 간절했다. 더는 실패에 대한 두려움에 인생을 빼앗기고 싶지 않았고, 내 앞을 가로막는 방해물들을 거침없이 헤쳐나가고 싶었다. 내가 닮고 싶었던 당당하고 자신감에 찬 사람들은 모두 업계 유명 인사들과 친밀히 교류하는 것 같았다. 난 늘 생각했다. 나도 그들처럼 될 수는 없을까? 나도 성공의 기운을 마음껏 뿜어낼 수는 없을까?

성공의 기운은 삶의 모든 측면에서 성공을 거두고 있는 사람들에게서 느껴지는 에너지다. 나는 여기에 '빅 머니 에너지'라는 이름을 붙였다. 당신도 이런 사람을 만나본 적이 있을 것이다. 회사에서 이들 곁을 지날 때면 은근하면서도 분명한, 후광처럼 뿜어져 나오는 자신감에 다시 한번 뒤를 돌아보게 된다. 모임에 이런 사람이 있으면 신경 쓰지 않으려 해도 그들이 내뿜는 에너지 때문에 자꾸 눈길이 가곤 한다.

그들에게서 성공의 기운이 느껴지는 이유는 자신감이 가득하기 때문이다. 허풍을 떨거나 자기 자랑을 할 필요도 없다. 자신에게 성공의 기운이 가득하다는 사실을 스스로 잘 알고 있고, 주변 사람들 역시 그렇게 생각한다. 어떻게 그럴 수 있느냐고? 비결은 간단하다. 꿈을 현실로 만들기 위해 온 힘을 다해 노력하며, 언제나 더 큰 꿈을 향해 나아가는 것이다.

이런 기운을 내뿜는 사람을 만나면 자연스럽게 곁에 머물고 싶어진다. 이들은 당당하되 절대 자만하지 않는다. 성공으로 가는 과정에 노력과 인내심과 경험이 필요하고, 감사하는 마음을 가져야 한다는 것을 잘 안다. 실패를 툭툭 털고 일어나 망설임 없이 앞으로 나아가면서 자신이 얻을 수 있는 성과에 집중한다. 또 언제나 경험을 통해 배울 자세가 돼 있으며 성장을 멈추지 않는다.

당신은 삶이 더 나아지길 바라지만, 지금보다 행복한 삶이 가능할지 의구심을 품고 있을지도 모른다. 하지만 포기하지 않았으면 좋겠다. 모든 것은 당신에게 달려 있으니까. (물론 이미 성공을 거둬 드넓은 수영장이 갖춰진 저택에서 쉬고 있는 사람이라면, 이 책을 덮고 현재를 마음껏 즐겨도 좋다. 당신은 이제부터 내가 하려는 이야기를 모두 경험했을 테고, 내 조언도 필요 없을 테니 말이다. 집사에게 이 책을 주면서 당신 소유의 섬에 있는 화산 분화구에 던져버리라고 해도 괜찮다.)

2008년 나의 연 수입은 9,188달러로, 1만 달러가 채 안 됐다. 그런데 나라는 사람을 새롭게 설계하고 10년 동안 성공을 향해 달린 결과, 지금은 매달 수백만 달러를 번다. 그동안 나는 진한 성공의 기운을 내뿜는 비결을 정리하기 위해 노력해왔다. 그렇게 모은 자료를 이 책에 담으면서 성공의 기운이 삶을 어떻게 바꾸는지 확실히 보여주려고 내 이야기를 곁들였다. 당신이 더 쉽게 응용할 수 있도록, 더 큰 꿈을 향해 나아가면서 내가 항상 마음에 새겼던 법칙들과 유용한 도구들도 정리해두었다.

내가 아는 한 성공의 기운을 지니고 태어나는 사람은 없다. 적어도 나는 그런 기운 없이 태어났다. 성공의 기운은 유명 인사나 재벌, 숨이 멎게 잘생긴 연예인이나 인맥 부자, 권력자들만 지닐 수 있는 것이 아니다. 우리 모두 가슴속 어딘가에 품고 있다. 이 책은 당신 내면 깊은 곳에 잠들어 있는 성공의 기운을 깨우는 방법을 보여줌으로써, 주머니 사정을 여유롭게 만드는 것을 넘어 당신이 이제껏 상상했던 것보다 훨씬 큰 꿈을 가지고 더 높은 곳에 닿을 수 있도록 도울 것이다. 이 책을 읽고 나면 자신에게 더 많은 것을 기대하게 될 것이다.

나에게도 영업 실적을 올리지 못해 아침마다 불안을 가득 안고 잠에서 깨던 시절이 있었다. 하지만 서른다섯 살도 되기 전에 이제껏 상상했던 것보다 훨씬 많은 돈을 버는 사람이 됐다. 책을 읽는 동안 당신은 내가 거쳐온 과정을 간접적으로 체험할 수 있을 것이며, 여기서 소개하는 단계를 착실하게 따른다면 당신의 삶 역시 180도로 바뀔 것이다.

나는 당신 마음속에도 성공의 기운이 있다는 것을 안다. 당신이 그 기운을 알아차리고 삶에 적용할 수 있도록 돕고 싶다. 매일 아침 눈을 뜰 때 '나'라는 사람으로 사는 삶이 축복처럼 느껴지길, 크든 작든 마음만 먹으면 이루지 못할 꿈은 없다는 사실을 깨닫게 되길 바란다. 지금 서 있는 그 자리를 벗어나 꿈꾸는 곳까지 달려보고 싶다면, 어서 페이지를 넘겨보자.

Part 1

빅
BIG

지극히 평범한 삶을 순순히 받아들이지 말자. 그러지 않아도 된다. 크게 성공하길 바라며 큰 꿈을 마음에 품은 당신은 어떤 목표도 이룰 수 있고, 모든 일을 새로운 차원으로 해낼 수 있다. 더 나은 삶이란 단순히 더 여유 있는 삶이 아니라 완전히 새로운 삶이다.

BIG MONEY ENERGY

1. 꿈을 키워라

2009년 어느 화요일 아침, 사무실로 전화 한 통이 걸려왔다. 내가 소개한 고객이 또 계약을 철회했다며 항의하는 다른 부동산에서 온 전화이거나, "친구 여섯 명과 함께 살 수 있는 방 두 개짜리 집을 찾는데요"로 시작하는 일상적인 상담 전화려니 하며 수화기를 들었다. 가지고 있는 매물 정보를 읊으려는 찰나, 전화를 건 여자가 먼저 자기소개를 했다. 그녀의 이름은 준 셴이고 중국에서 큰 정유회사에 다니고 있는데, 뉴욕에 집을 사려고 알아보는 중이라고 했다. 솔직히 전혀 예상치 못한 전화였다. 그때까지 나는 외국인에게 집을 중개해본 적이 없었다.

나는 "네. 아주… 좋은 계획이시네요"라고 운을 뗀 뒤 "어떤 집을 원하시고, 예산은 어느 정도로 생각하시나요?"라고 물었다.

"200만 달러 정도 생각하고 있는데, 만약 모자라면 더 쓸 수도 있어요."

순간 너무 놀라서 입이 떡 벌어졌다. 경기 불황 때문에 직장을 잃는 사람이 넘쳐나는 마당에 200만 달러짜리 거래라니! 그해 상반기 동안 100만 달러 미만의 작은 거래들은 몇 건 있었지만 이렇게 큰 거래는 처음이었다. 나는 그녀에게 순진한 질문을 하나 더 던졌다.

"언제쯤 이사하실 계획인가요?"

"아뇨, 이사는 안 할 거예요. 그냥 제 딸을 위해 투자를 해두고 싶어서요."

"따님 나이가 어떻게 되시나요?"

"아, 지금 임신 중이고, 곧 태어나요." 나는 내 귀를 의심했다. 아직 태어나지도 않은 아기를 위해 집을 산다고? "라이언 씨, 제가 이번 달 말쯤 뉴욕에 며칠 다녀올 예정인데 그때 집을 보여주실 수 있나요?"

마음속으로는 "도와드리고 싶지만 이렇게 큰 거래는 처음이라 어떻게 도와드려야 할지 잘 모르겠습니다"라고 말하고 싶었지만, 얼떨결에 "예, 물론입니다. 완벽한 매물을 찾아드려야죠. 저는 항상 준비되어 있습니다"라고 답하고 말았다(지금 생각하면 손발이 오그라들지만, 정말 토씨 하나 틀리지 않고 이렇게 답했다).

맙소사! 그렇게 전화를 끊은 뒤 심장이 벌렁거리기 시작했다. 현실의 나는 맨해튼에서 이제 막 일을 시작한 햇병아리 중개인에 불과했고, 세계에서 가장 경쟁이 치열하고 물가가 비싸기로 악명 높은 도시에서 근근이 먹고사는 형편이었다. 중개 수수료를 받아도 월세를 내고 나면 남는 게 없어 하루하루가 전쟁 같았다. 매일 아침 잠에서 깨면 걱정과 두려움이 머릿속에 가득했고, 짙은 먹구름이 따라다니기라도 하는 것처럼 얼굴에는 항상 그늘이 져 있었다. 내가 바라는 삶은 그런 모습이 아니었다. 나는 간절히 성공하고 싶었다.

하지만 성공은 딴 세상 이야기였다. 자신감 넘치고 가방끈이 긴, 인맥이 넓거나 금수저이거나 외모를 타고났거나 배짱이 좋은 사람들만 성공의 맛을 볼 수 있다고 생각했다. 다들 돈을 쓸어 담는다고 생각하기도 했다. 나만 빼고 말이다. 같은 사무실의 다른 중개인들은 돈 많은 고객을 잘도 맡는데 나는 은행 잔고가 바닥날까 봐 벌벌 떠는, 나처럼 짠 내 나는 고객들만 상대했다.

돈 걱정에 시달리지 않는 날이 없었다. 정확히는 삶 자체가 돈 걱정이었다고 해야 맞을 것 같다. 샌드위치를 먹거나 지하철을 탈 때는 물론이고 비누 한 장, 양말 한 켤레, 칫솔 한 개를 사면서도 '이 돈을 쓰면 월세 낼 돈이 모자라지는 않을까?' 하는 걱정이 앞섰다. 한푼 한푼이 소중했고 수중에 돈이 충분했던 적이 없다. 변호사 친구들이나 금융 업계에서 일하는 친구들이 동정하며 사주는 술을 더는 얻어 마시고 싶지 않았다. 내 주머니 형편에서 허락되는 유일한 마실 거리인 탄산수를 들고 보드카인 척하는 대신, "오늘은 내가 쏠게!"라고 외치며 멋지게 카드를 꺼내고 싶었다.

앞으로도 계속 원룸이나 후미진 동네에 있는 방 하나짜리 집만 중개한다면 상황은 나아지지 않을 게 뻔했다. 잠에서 깰 때부터 잠자리에 들 때까지 돈 걱정을 해야 하는 생활에 아주 넌덜머리가 났다. 불안은 내 몸의 일부라도 되는 듯 나에게서 떨어질 생각이 없어 보였다.

하지만 문제는 나조차도 나 같은 사람과는 일하고 싶지 않을 것 같다는 것이었다. 내가 봐도 나는 수백만 달러짜리 거래를 믿고 맡길 만한 사람이 아니었다. 심지어 제대로 된 정장조차 가지고 있지 않았다. 빈티 나는 후줄근한 행색에 하는 행동도 좀스러웠다. 그때까지 나는 쭉 그런 식으로 살아왔고, 마음을 단단히 고쳐먹지 않는 이상 영원히 만족스럽지 않은 삶을 살 게 분명했다. 대체 준 셴 부인은 왜 나같이 절망의 기운을 내뿜는 사람에게 고급 아파트를 찾아달라고 했을까?

그날 나는 옷장을 열고 고객을 만날 때마다 닳도록 입던 셔츠를 뚫어지게 바라보면서, 내 이름이 라이언이고 부동산 중개인이라는 것 말고 준 셴 부인이 나에 대해 아는 게 없다는 사실을 떠올렸다. 내가 그다지 호감형 외모가 아니라는 것도, 수백만 달러짜리 거래를 한 번도 맡아본 적이 없다는 것도 그녀는 모른다. 아마 내가 인터넷에 올린 매물 정보 페이지에서 내 연락처를 찾았을 것이고, 나에게 전화를 걸게 된 것은 순전히 우연이었을 것이다. 통화하는 동안 최고급 가죽 의자에 앉아 전화를 받는 내 모습을 상상했을지도 모른다.

드디어 내가 바라던 내 모습이 될 기회를 찾은 것 같았다. 과거의 나를 지우고 새로 시작할 절호의 기회였다. 화장실도 없는 원룸에 누워 상상하곤 했던 멋진 내 모습으로 준 셴 부인을 만

나기로 했다. 내가 상상한 멋진 모습은 자신감과 에너지가 넘치고 큰 거래를 쉽게 성사시키는 사람이었다. 어수룩한 초짜가 아니라 성공한 부동산 중개인으로서 그녀를 맞이하고 싶었다.

나는 그녀에게 보여줄 내 모습을 머릿속에 그리기 시작했다. 자신을 객관적으로 뜯어보고 평가해야 했다. 아직 학생티를 못 벗은 이 모습대로 그녀를 만났다가는 될 일도 안 될 것 같았다. 그래서 만들어놓고 한 번도 쓴 적 없는 신용카드를 꺼내 들고 백화점으로 가서 살 수 있는 한도 내에서 가장 좋은 정장 한 벌을 샀다.

고급 아파트를 보여주러 다니면서 지하철을 타서는 안 될 것 같았다. 사무실의 성공한 중개인들은 고객들을 승용차에 태우고 매물을 보러 다녔다. 요즘 같으면 콜만 하면 달려오는 우버를 이용하겠지만, 당시에는 인터넷으로 '뉴욕시 고급 승용차 대여'를 검색하는 게 최선이었다. 맨 처음 검색된 업체에서 연식은 좀 돼 보이지만 운전기사까지 함께 빌릴 수 있는 검은색 SUV를 예약했다.

비용은 모두 신용카드로 해결했다. 새 정장에 기사 딸린 승용차까지 준비한 다음에는 뉴욕시 전문가가 되기로 마음먹었다. 준 셴 부인이 도착하기 전까지 거의 반쯤 미쳐서 뉴욕시 구석구석을 공부했다. 공부할 내용이 어찌나 많은지 고시생이라도 된 것만 같았다. 도로 이름은 물론 어디에 무슨 가게가 있고 어떤 관광지가 있는지까지 머릿속에 낱낱이 입력했다.

그동안 거래해왔던 매물들은 집세가 비교적 저렴하고 젊은 사람들이 많이 사는 머레이힐 지역이나 빌리지 지역, 맨해튼 바깥쪽 지역에 있었기 때문에 부자 고객들이 관심을 가질 만한 고급 아파트들이 있는 부촌에는 거의 발을 들인 적이 없었다.

하지만 어떤 동네든 빠삭하게 아는 것처럼 보여야 했다. 전문가처럼 보이고 싶은데 막상 아는 건 많지 않았다. 수백만 달러짜리 집을 사는 고객들은 계약하기 전에 어떤 질문을 하는지도 몰라서 건물이 언제 지어졌고 건축가가 누구인지, 공사를 맡은 회사는 어디이고 건물에 어떤 유명인이 살았었는지까지 그녀에게 소개할 건물에 관한 정보를 닥치는 대로 외웠다. 어떤 질문을 받든 막힘없이 대답할 수 있도록 몇 주 동안 철저하게 준비했다. 맨해튼의 역사에 대해서도 말할 수 있으면 좋을 것 같아 건물이 세워진 대지도 꼼꼼하게 조사했고, 그곳에서 살았던 연예인이나 건물에서 촬영한 영화 장면도 알아두었다. 준 셴 부인과 딸이 뛰놀 수 있는 놀이터가 어디에 있는지도 메모했다.

그러던 어느 날 사전 조사를 하다가 배가 너무 고파서 근처 카페에 들르게 됐다. 카페에서 일하던 밥이라는 직원과 통성명을 하던 중 머리에 전구가 탁 켜진 듯 아이디어가 떠올랐다. 집을 보여주러 가는 길에 카페에 들러서 직원과 서로 이름을 부르며 친하게 지내는 모습을 보이면 내가 부자 동네를 자주 드나든다는 인상을 줄 수 있을 것 같았다. 직원과 친하게 지내는 것만으로도 거물급 중개인 같은 이미지를 심어줄 수 있다니, 내가 생각해도 기발한 아이디어 같았다.

준 셴 부인을 만나기로 한 날 아침, 긴장 때문에 잠을 좀 설치기는 했지만 완벽하게 준비를 마쳤다는 생각에 가뿐하게 잠에서 깼다. 예약해둔 SUV가 한인타운 근처 우리 집으로 나를 데리러 왔고, 그 차를 타고 준 셴 부인이 머무르는 호텔로 이동했다. 백만장자 고객에게 점점 가까워지는 동안 그때까지 한 번도 느껴본 적 없던 평온함과 자신감이 나를 감쌌다. 지난밤에 느꼈던 긴장감은 사라지고 없었다. 드디어 나도 수백만 달러짜리 집을 살 여유가 있는, 밝은 기운이 넘치는 고객을 만나게 된 것이다. 놀랍게도, 아무런 성과가 없을 수도 있다는 걱정조차 들지 않았다.

호텔 앞에 차가 멈췄다. 길가에는 헐렁하고 소박한 트레이닝복 바지를 입은, 지친 기색이 역력해 보이는 만삭의 중국인이 서 있었다. 나는 영화 〈귀여운 여인〉의 리차드 기어가 된 것 같은 기분으로 창문을 내린 다음, "준 부인이십니까? 안녕하세요, 라이언입니다"라고 그녀에게 인사를 건넸다.

그녀는 내 말에 답하는 대신 힘없이 한 손을 들어 보였다. 나는 얼른 차에서 내려 그녀가 차에 탈 수 있도록 문을 잡아주었고, 그녀는 앉자마자 문 쪽으로 몸을 기대고 곯아떨어졌다. 조금 당황했지만, 중국에서 뉴욕까지 걸리는 비행시간을 생각하면 충분히 지칠 만도 하다고 생각했다.

그날부터 며칠 동안 똑같은 하루하루가 반복됐다. 내가 그녀를 데리러 가면 그녀는 차에 타서 바로 잠에 빠졌다. 건물에 도착해 그녀를 깨우면 그녀는 차에서 내려 말 한마디 없이 집을 둘러봤다. 그녀가 혹시 몽유병 환자는 아닌지, 내가 일을 제대로 하고 있기는 한 건지 의심이 들 정도였다. 몽유병 환자는 깨우는 게 아니라는 이야기가 떠올랐고 어떻게 반응해야 할지 몰라서 매물을 둘러보는 내내 난감하기만 했다. 차로 돌아오면 그녀는 "별로네요"라고 한마디를 뱉고는(집을 둘러볼 때는 정신이 좀 들었던 것 같다) 다시 잠에 빠져들었다.

그녀가 뉴욕에 머무르는 마지막 날 오후는 유난히 덥고 끈적거렸다. 곧 태어날 그녀의 아기에게 꼭 맞는 집을 아직 찾지 못한 상태였고, 그간 열심히 긁어대던 신용카드 대금을 어떻게 갚을지 슬슬 걱정이 되기 시작했다. 출출하다는 그녀의 말에 길가 노점에서 물 한 병과 핫도그 한 개를 사주었고, 유명 건설사 엑스텔이 리버사이드 애비뉴 80번지에 새로 지은 러시모어 아파트로 향했다. 건물은 아주 환상적이었다. 퀸스 아스토리아 지역에서 줄곧 거래했던, 엘리베이터도 에어컨도 없는 건물의 방 두 개짜리 집을 보여줄 때와는 완전히 다른 짜릿한 기분이 들었다. 일이 잘 풀릴 것 같았다. 앞으로 펼쳐질 날들에 그런 좋은 기분만 가득할 것 같은 예감마저 들었다.

자동차가 건물 앞에 서자 준 셴 부인이 잠에서 깨어났다. 반쯤 먹다 만 핫도그가 아직 그녀의 손에 들려 있었다. 집 안으로 들어갔을 때 그녀는 지금까지와 180도 다른 반응을 보여주었다. 얼굴에서 피곤함이 가시고 생기가 돌기 시작하더니, 마침내 침묵을 깨고 이렇게 말했다. "마음에 쏙 들어요."

'됐다!' 나는 속으로 쾌재를 불렀다. 우리는 주방, 욕실을 차례로 둘러봤고 장차 아이가 차지할 작은 방에 들어섰을 때 그녀가 말했다. "제가 찾던 집이네요. 계약할게요."

집을 다 보고 난 그녀는 차에 타자마자 어김없이 곯아떨어졌
고, 나는 덜컹거리는 차에 앉아 입이 귀에 걸린 채 생각했다. 태
어나지도 않은 아이에게 250만 달러짜리 집을 팔다니. 내가 부
자가 되다니!

난생처음으로 부동산 개발업자를 상대로 집값 조율을 마친
나는 며칠 뒤 새벽 3시에 세인트레지스 호텔 로비에 서 있었다.
아직 시차 적응이 덜 된 준 셴 부인이 사다 달라고 부탁한 치즈
버거의 기름지고 고소한 냄새가 호텔 로비의 우아하고 고급스
러운 향을 덮어버릴 듯했다. 나는 그러거나 말거나 내가 결국
해냈다는 생각에 들떠 있었다. 마치 10년쯤 일한 베테랑처럼 제
시된 가격보다 30만 달러나 낮은 금액에 계약을 따냈고, 준 셴
부인의 아기는 220만 달러에 리버사이드 애비뉴 80번지 아파트
를 살 수 있게 됐다. 그녀는 내가 사 간 감자튀김을 허겁지겁 입
에 넣으며 계약서에 서명했다.

경기 불황 속에 수백억 달러짜리 계약을 성사시키면서 나는
내가 가난한 마음가짐을 버렸을 때 어디까지 갈 수 있는지 깨닫
게 됐다. 내 삶에서 크게 달라진 점은 없었다. 나는 여전히 인맥
이 많지 않은, 젊은 부동산 중개인이었다. 딱히 변한 것이 없는
데도 상황은 예전과 매우 달라졌다.

몇 달 뒤 준 셴 부인과 계약을 완전히 마무리 지었을 때 부모
님께서 나를 보러 오셨다. 두 분이 머무르시던 호텔 밖에서 아
버지를 만나 함께 은행으로 향했다. 내 주거래 은행은 어디에서

나 ATM을 찾을 수 있어 자주 수표 입금을 해야 하는 사람에게 는 아주 편리한 곳이었다. 하지만 돈이 없던 나로서는 ATM이 눈에 띌 때마다 돈이 없다는 사실이 떠올라 울적해질 뿐이었다. 그런데 나도 이제 거액의 수표를 가지고 ATM을 찾게 된 것이다.

몇백 달러에 불과했던 계좌 잔고가 2만 5,000달러로 불어나던 순간을 음미하는 동안 아버지는 내 곁에 잠자코 서 계셨다. 그 순간이 꿈만 같았다. 계좌에 그만한 돈을 가져본 건 태어나서 그때가 처음이었다. 아버지도 분명 나를 자랑스러워하셨지만, 나만큼 크게 감동하지는 않으셨다. 나는 그 계약이 엄청난 성과라고 생각했다. 더없는 경사이니 매 순간을 즐기고 싶었다. 앞으로 2년 동안은 집세 걱정을 할 필요가 없었고, 새 신발을 사거나 장을 볼 때 쩔쩔매지 않아도 됐다. 내친김에 너그러운 이웃이 되어 다른 세입자 스물다섯 명과 함께 사용하는 아파트 공동 샤워장의 커튼을 새것으로 바꿀까도 생각했다.

"이게 그렇게 대단한 일 같으냐?" 아버지가 물으셨다. 나는 당연한 걸 묻는다고 생각했다. "아들아. 좋은 일이기는 하다만, 이 계약을 따내면서 얻은 것들에 더 집중하거라. 주위를 둘러보렴. 세상에 준 셴 부인 같은 사람이 얼마나 많겠니. 뉴욕시에만 천만 명은 있을 거다. 네가 그 사람들과 아직 만나지 못한 것뿐이야."

물론 2만 5,000달러는 큰돈이고, 나처럼 늘 돈에 허덕이던 사람에게는 더 그랬다. 하지만 아버지 말씀이 맞는다면? 이 순간이 내 인생 최고의 순간이 아니라면? 방금 입금한 수표가 훨씬 높은 곳으로 오르는 첫 계단에 불과하다면? 생각하면 할수록 아버지 말씀이 가슴에 와닿았다. 집세 걱정을 할 필요가 없는 삶도 충분히 안정적이기는 하지만, 그 정도의 돈만 목표로 한다면 살기 위해 여전히 아등바등해야 했다. 나는 거기서 멈추고 싶지 않았다. 성공하고 싶었다. 집세를 낼 돈이 있다고 만족하는 것이 아니라, 그보다 훨씬 많이 가진 사람이 되어 이 세상에서 누릴 수 있는 것들을 다 누리고 싶었다. 아버지와 함께 ATM 앞에 서서 앞으로 어디까지 올라갈 수 있을지 상상해봤다. 그 순간을 나는 지금도 선명히 기억하고 있으며, 앞으로도 절대 잊을 수 없을 것이다.

—

더 나아갈 텐가, 아니면 포기할 텐가?

—

성공할 수 있으리라고 생각조차 해본 적 없던 걱정 많은 초짜가 어쩌다 운 좋게 큰 건을 성사시킨 셈이었다. 돌이켜보면, 그 이후로도 나는 걱정이 많았던 것 같다. 하지만 내 안에서 일어난 작은 변화 덕분에 상황이 많이 달라져 있었다. 준 셴 부인을 맞이할 준비를 하던 나는 겉으로는 전과 같은 사람이었고, 작정하고 나를 변화시키겠다고 마음먹은 적도 없었다. 새 정장과 운전기사 덕분에 자신감을 조금 얻기는 했지만, 그보다 더 크게 영향을 미친 건 바뀐 나의 에너지였다. 에너지야말로 그토록 동경

하던 유능한 부동산 중개인이 되기 위해 내가 바꿔야 하는 한 가지였다. 전처럼 절망의 기운을 풍기는 대신 박식하고 유능하고 자신감 넘치는 인상을 줄 수 있도록 노력한 게 전부지만, 그게 바로 성공을 향한 걸음을 떼기 전에 알아둬야 할 중요한 교훈이었다. 은행 계좌 잔고나 형편에 맞는 브랜드는 당장 바꿀 수 없지만, 나라는 존재가 눈에 띄도록 사람들에게 심어줄 인상은 바꿀 수 있었다.

■ 첫 번째 코드 ■

환경은 바꿀 수 없어도
자신이 내뿜는 에너지는 바꿀 수 있다.

내가 어떤 사람이냐에 따라 발산하는 에너지가 달라진다. 사람들에게 강력한 영향을 미치는 에너지를 내뿜을 수도 있고, 에너지가 거의 없어 별 영향력을 발휘하지 못할 수도 있다. 예전의 나는 기운 없고 근심 가득한 얼굴을 하고 다니면서 어딜 가나 내 처지와 똑같이 안쓰러운 사람들만 만나곤 했다. 지하철을 타면 언제나 사연 많은 사람이 내 옆에 앉아 연인과 이별하게 된 이야기를 시작했다. 샐러드 가게에 줄을 서 있으면 뒤에 선 사람이 못된 상사에게 어떤 괴롭힘을 당해 어떻게 해고됐는지 하소연하면서 이 세상이 얼마나 불공평한지, 자기 삶이 얼마나 비참한지 불평을 늘어놓기 일쑤였다.

절망이 전염되듯, 나쁜 에너지는 나쁜 에너지를 끌어당긴다.

세상을 향해 부정적인 기운만 내뿜으면 무의식적으로 그런 사람들을 끌어당겨 정신적으로 착취당하고 만다. 늘 시무룩한 얼굴을 하고 있을 때 나는 별 볼 일 없는 잡무와 부정적인 고객들만 맡게 됐다. 같은 사무실에서 일하던 에너지 넘치는 동료들은 퇴근 후에 함께 술을 한잔하곤 했다. 사무실을 나서는 그들을 보면 마치 삶이 축복이라는 듯 대화에 웃음이 끊이질 않았다. 반면 나는 매사에 불평불만을 쏟아내는 해리, 늘 조용하고 축 처져 있어 거의 벽 취급을 받는 팀과 사무실에 남곤 했다. 내가 어울리고 싶은 이들은 해리나 팀이 속한 무리가 아니었다. 다른 동료들처럼 나도 행복해지고 싶었지만, 그들보다 돈을 못 벌기 때문에 그 무리에 낄 수 없으리라고 생각했다.

그러다가 준 셴 부인과 거래를 하면서 내 에너지를 바꾸면 성공에 한 걸음 다가설 수도, 내가 원하는 모습으로 나 자신을 바꿀 수도 있다는 생각을 처음으로 하게 됐다. 우리가 꿈꾸는 성공이 얼마나 대단한 용기를 요구하고 얼마나 높이 있든, 닿지 못할 곳은 없다. 자신의 에너지를 바꾸면 패배자의 마음가짐과 영원히 작별하고 인생이라는 게임에서 승리할 수 있다.

나는 그렇게 내 삶을 바꿨다. 뉴욕시에서 초짜 부동산 중개인으로 고생할 때의 나는 실패한 삶의 표본이었다. 자신감에 차 있어야 하는 순간에는 절망 속에서 허우적거렸고, 상대방에게 확신을 줘야 할 때는 우물쭈물했으며, 목소리를 내야 할 때는 꿀 먹은 벙어리가 됐고, 키가 너무 커 보일까 봐 항상 구부정하게 다녔다. 값싼 매물만 거래하던 나 자신을 과거에 묻어두고 새로 태어나고 싶었지만, 어디서부터 시작해야 할지 감을 잡을 수 없었다. 보스턴 외곽의 시골에서 어린 시절을 보내며 두둑한 은행 잔고와 멋진 정장으로 가득한 옷장, 좋은 차와 세련된 집을 가지는 꿈을 꿨다. 하지만 정작 어른이 돼서는 과연 내가 그런 사람이 될 수 있을지 의심스럽기만 했다.

준 셴 부인을 만난 후 나에게는 두 가지 선택지가 생겼다. 성공하겠다는 꿈을 포기하고 살던 대로 살거나, 아니면 내가 빈 캔버스라는 사실을 깨닫고 노력하는 것이다. 나는 후자를 택했다. 내 행동 하나하나에 의미를 담아 신중하게 움직이기로 했다. 더 나은 사람이 될 때까지 마냥 기다리고 있을 수만은 없었고, 다른 사람에게 의지하고 싶지도 않았다. 성공을 좇는 과정에서 잃어버린 내면의 힘과 사회적 압박에 시달리는 불안한 삶 때문에 잊고 있던 의지를 되찾고 싶었다. 남들보다 뒤처지는 데 신물이 났다. 준 셴 부인 덕에 첫 획을 그은 후 내 캔버스는 이미 전보다 훨씬 나아져 있었다.

나는 인생이라는 캔버스를 명화로 만들기 위해 무엇이든 하기로 마음먹었다. 손가락 한 번 튕겨서 내 머릿속을 뜯어고칠 수 있다면 좋으련만, 그 과정은 만만하지 않았다. 할 일이 많았고, 나라는 사람을 다시 평가해야 했으며, 꾸준히 노력해야 했다. 그렇지만 나에 대한 기대치를 높이고 성과를 이뤄낼수록 내가 원했던 나의 모습에 점점 가까워졌다.

현재 당신의 삶을 돌아보고, 자신이 원했던 삶인지 생각해보길 바란다. 꿈에 그리던 삶을 살고 있는지 생각해볼 시간이 필요하다. 우리는 모두 꿈을 꾸지만 두려움이나 다른 사람의 핀잔 때문에 꿈을 접고 만다. "마술사라도 되려는 거야? 철이 덜 들었네"라는 식으로, 실패가 두렵거나 생각 없는 사람으로 낙인찍히기 싫어서 마음에 없는 소리나 하며 꿈이 없는 척하면 속은 편할 것이다. 하지만 만약 꿈꾸던 삶이 현실이 된다면 어떨까? 실패하지 않을 수 있다면 어떨까? 에너지를 바꾸면 지금과는 완전히 다른 삶을 살 수 있다. 현재 당신의 삶이 엉망진창이거나 혼란스러울 수도 있고, 다람쥐 쳇바퀴 돌듯 지루할 수도 있다. 하지만 더 나은 삶을 살고 싶지 않은가? 그렇다면, 지금부터 생각의 폭을 넓히고 적극적으로 꿈을 키우며 마음을 열어보자.

2. 미래의 내 모습이 되어보자

TV 출연을 희망하는 유능한 부동산 중개인을 모십니다.

대본 없이 진행되는 리얼리티 프로그램에서 뉴욕시의 부동산 중개사 여러 분을 모십니다. 맨해튼 고급 아파트 매매가 전문인 성공한 부동산 중개인이 신가요? 브라보TV에서 〈밀리언 달러 리스팅Million Dollar Listing-뉴욕 편〉 의 공개 오디션을 개최합니다. 참가 신청은 여기를 눌러주세요.

어느 날, Curbed.com(뉴욕시와 뉴욕시의 부동산 소식을 소개 하는 웹사이트-옮긴이)에 게재된 광고가 내 눈을 사로잡았다. 당 시 나는 '성공한' 중개인이라고 할 수는 없었지만, 준 셴 부인에 게 아파트를 판 이후 수백만 달러짜리 거래 몇 건을 더 성사시 켜 자신감이 충만한 상태였다. 내 인생이 조금씩 앞으로 나아가 는 듯했다. 부동산 중개인으로 열심히 살고 있을 때였지만, 사실 중개인이 되기로 한 것은 꽤 새로운 결심이었다. 처음에 뉴욕으로 이사할 때만 해도 나는 배우가 되려고 했었다. 그래서 뉴욕에 온 후 한동안 TV 프로그램이나 연극, 상업광고 오디션을 보러 다녔고, 그동안에는 수입이 거의 없다시피 했다. 드라마에서 아주 잠깐 등장하는 못된 의사 역할을 맡은 적이 있고, 브로드웨이의 유명 쇼와는 거리가 먼 작은 극단에서 연기한 것 외에는 연기 경력이라고 할 만한 업적도 없다. 아, 나중에 〈셀 잇 라이크 서핸트Sell It Like Serhant〉라는 쇼에서 손 모델을 한 것도 연기 경력에 넣을 수 있을 것 같다. 전화기를 쥐고 있는 손을 촬영하면서 감독은 "세 번째 손가락을 7도 정도 더 구부려!"라고 소리쳤다. 손만 나오는 장면이었지만 전문 손 모델 뺨치게 열심히 했다.

나는 배우가 되고 싶었다. 아껴 모은 돈을 들고 세상에서 가장 경쟁이 치열한 도시로 이사하면서 2년 안에는 반드시 뭔가를 이뤄내겠다고 다짐했다. 잃을 게 없다고 생각했다. 그때 나는 앞으로 어떤 일이 펼쳐질지 아무것도 몰랐다. 겪고 보니 맨해튼에서 살려면 돈이 아주 많이 필요했고, 작은 극단에서 〈맥베스〉 같은 공연의 나무 역을 맡아봤자 주머니에 들어오는 돈은 몇 푼되지 않았다. 돈 때문에 끊임없이 스트레스를 받지 않으려면 연기를 주업으로 삼을 수 없다는 사실을 인정해야 했고, 결국 먹고살기 위해 부동산 중개사 자격증을 땄다.

처음에는 부동산 중개업으로 입에 풀칠할 정도만 벌면 된다고 생각했다. 연기 경력을 쌓아 브로드웨이 쇼에 서거나 영화에 출연할 수 있을 때까지 각종 공과금을 낼 정도면 충분했다. 그런데 놀라운 일이 일어났다. 중개업이 진심으로 좋아진 것이다. 영업 일은 나에게 아주 잘 맞았다. 오디션에서 탈락하는 것에 비하면, 손님에게 거절당하는 건 아무것도 아니었다. 내가 소개한 매물을 손님이 거절한다고 해서 상처받지도 않았고, 거래를 하나 성사시킬 때면 짜릿한 쾌감을 느꼈다. 사람들이 원하는 물건을 찾아주고 그 대가로 돈을 벌 수 있다니, 이보다 좋을 수 없었다.

〈밀리언 달러 리스팅〉은 기회였다. 내가 꿈꿔왔던 대로 TV에 출연할 수 있는 데다, 잠재력을 막 발휘하기 시작한 부동산 중개업과 관련된 일인 만큼 중개인으로서의 경력에도 도움이 될 것으로 생각했다. 적어도 다른 중개인들보다는 뽑힐 확률이 높지 않을까 하는 생각도 들었다. 부동산 중개인 중에 연기 수업을 받아본 사람은 없을 테니까. 마치 나를 위해 마련된 기회처럼 느껴졌다. 간단한 지원서를 작성하고 내 이름과 이메일 주소를 적어 보낸 후, 며칠 지나지 않아 답장을 받았다.

최고의 부동산 중개사님께
〈밀리언 달러 리스팅-뉴욕 편〉에 지원해주셔서 감사합니다.
인터뷰 장소는 뉴욕시 58번가에 있는 허드슨 호텔이며,
인터뷰 날짜와 시간은 2010년 3월 10일 수요일 오후 1시 30분입니다.
감사합니다.

세탁소에 맡겨 말끔하게 다린 양복과 가장 좋은 셔츠를 골라 입은 다음 새로 산 넥타이를 맸다. 신발이 광이 나도록 닦였는지도 몇 번이나 확인했다. 그날따라 어쩐지 머리 손질도 잘되는 것 같았고 느낌이 좋았다. 인터뷰 예정 시간에 맞춰 허드슨 호텔에 도착하자마자 나는 곧 뉴욕시에는 배우 지망생만 넘쳐나는 것이 아니라 TV에 출연하고 싶어 하는 부동산 중개인도 넘쳐난다는 사실을 깨닫게 됐다. 맙소사!

허드슨 호텔 로비는 약간 어둡고 정적이면서 세련된 분위기였다. 하지만 그날은 나와 같은 목표를 가진 부동산 중개인들이 로비를 가득 메워 열기가 대단했다. 난 대체 뭘 믿고 이 인터뷰가 나한테 기회라고 생각한 걸까? 조금 전까지만 해도 슈퍼맨이라도 된 듯 자신이 있었는데, 한순간에 비자로(슈퍼맨과 정반대의 캐릭터 - 옮긴이)가 된 느낌이었다.

푹신한 벨벳 소파에 몸을 묻은 채 생각에 잠겼는데, 시간이 갈수록 자존감이 바닥으로 가라앉는 듯했다. 당시 나는 점점 더 많은 거래를 성사시키고 있었고, 부동산 일에도 익숙해지고 있었다. 내 마음속 슈퍼맨이 나를 응원했다. '라이언, 너는 괜찮은 중개인이야. 이건 너한테 완벽한 기회야! 할 수 있어!' 하지만 비자로도 지지 않고 맞섰다. '연기 오디션 보는 걸 그만둔 이유 기억 안 나?'라면서 한바탕 악랄하게 웃어 젖혔다. '오디션이 잘 됐다면 그만뒀겠어? 영화나 TV 쇼에서는 널 원하지 않았는데, 이 사람들이라고 뭐가 다를 것 같아?'

인터뷰에 오기 전 친구 데이비드에게 이 이야기를 했는데, 그는 정말 멍청한 짓이라고 말했다. "라이언, 정말 할 거야? 그 가 벼운 리얼리티 쇼에 출연하는 게 네 경력에 진짜 도움이 된다고 생각해? 나 같으면 TV에 나오는 변호사는 믿을 수 없을 것 같 아. 아마 다른 사람들도 마찬가지일 거야. 굳이 TV에 나오는 부 동산 중개인을 고용하려고 할까?" 그는 이해할 수 없다는 듯 얼 굴을 찌푸리며 충고했다.

어머니의 반응도 크게 다르지 않았다. 어머니는 내 얘기를 듣 자마자 한숨을 푹 쉬셨고, 수화기 너머로 어머니가 고개를 절레 절레 흔드시는 모습이 보이는 듯했다. "TV에서 매물을 팔려고 이리저리 뛰어다니는 걸 사람들이 다 볼 텐데, 그런 모습에서 자신감이 느껴지겠니? 나라면 서바이벌 쇼에 나온 사람한테 거 래를 맡길 수는 없을 것 같구나. 네 꼴을 스스로 우습게 만들 게 뻔해."

내면에 잠자고 있던 불안감이 깨어났고, 기다리는 시간이 길 어질수록 의심은 점점 커졌다. 나는 속으로 생각했다. '무슨 망 신을 당하려고 여기에 왔을까? 나는 장난으로라도 최상급 중개 인이라고는 부를 수 없는 사람인데. 부동산 중개업을 시작한 지 이제 1년 반이 지났을 뿐이고, 얼마 전까지만 해도 열댓 명과 화 장실 하나를 나눠 쓰며 살았다고. 이제 간신히 화장실 하나를 온전히 차지할 수 있는 원룸 아파트로 이사해서는 돈이 없어 가 구도 못 채워 넣고 있는 형편이란 말이야. 어떤 유능한 중개인 이 마룻바닥에 앉아서 저녁을 먹겠어?'

내 차례를 기다리는 동안 자신이 점점 초라하고 우습게 느껴졌다. 이 오디션도 경력에 보탬이 될 만한 결정이 아니었다는 생각이 들었다. 이후 시간이 더 흘렀다. 수백만 달러짜리 거래에 대해 내가 아는 게 있긴 한가? 아니면 수백만 달러짜리 집에 살아본 적이라도 있는가? 전혀 없었다.

나는 사업가로 치자면 지레 겁을 먹고 애초에 큰 거래는 손도 대지 않는 유형에 속했다. 지인들이 떠먹여 주는 것도 제대로 못 받아먹을 때가 있었다. 금융 업계에서 일하는 친구 하나가 예산 1,000만 달러를 들고 집을 찾는 고객을 소개해주겠다고 했을 때도 좋은 기회를 줘서 고맙다고 절을 하기는커녕, "고맙긴 한데, 내가 주로 거래하는 매물은 아니야"라며 굴러들어온 호박을 차버리고 말았다. 나는 위험 부담이 거의 없으면서 입주자 조합에서 까다롭게 간섭할 일도 없는 저렴한 월세 매물을 거래할 때가 마음이 편했다. 이런 거래는 기본적인 신용 정보만 확인한 뒤 임차인에게 현관 열쇠를 건네면 성사됐다. 돈이 별로 안 되더라도 쉽게 갈 수 있는 길이 있다면 항상 그쪽을 택했다.

'다들 비웃을 거야.' 내면의 목소리가 소리쳤다. 어린이 야구단 소속으로 외야에서 수비를 보고 있다가 다리가 후들거릴 정도로 긴장했던 때가 기억났다. 뭘 해야 할지 몰랐고, 제대로 뭔가 해보지도 않고 스스로 야구에 소질이 없다고 끊임없이 생각했다. 공이 내 쪽으로 오면 뭘 해야 하나 두려웠고, 공을 잡으면 잡은 공으로 뭘 해야 하나 골치가 아팠다. 던진 공이 멀리 가지 않을까 봐 불안했다. 덜덜 떠는 것도 모자라 오줌을 지리기 직전에 아버지가 와주셨다. 다른 친구들이 모두 지켜보는 경기장

한가운데서 아버지는 "라이언, 가자. 너는 야구 체질은 아닌 것 같구나"라고 말씀하셨다. 경기장을 나오면서 차마 얼굴을 들 수 없었지만, 한편으로는 이제 걱정할 필요가 없다는 생각에 안심이 되기도 했다.

이번 인터뷰는 잘되지 않을 확률이 높았다. 고급 아파트 거래에 관해 물었는데 내가 대답을 못 할 수도 있었다. 대체 부동산에 관한 TV 프로그램에 햇병아리나 다름없는 내가 출연할 수 있다는 기대를 했다니, 제정신인가? 머리가 지끈거리기 시작했다. 결국 떨어질 거라는 생각이 머릿속을 떠나지 않았다.

그때 내 이름을 부르는 소리가 들렸다. 그 소리를 듣자마자, 지나칠 정도로 푹신한 벨벳 소파에 묻혀 있던 몸을 뽑아내듯 벌떡 일어섰다. 빠른 걸음으로 인터뷰장을 향해 걸으면서 로비를 훑어보며 참가자 중에서 누가 최후의 승자가 될지 점쳐봤다. 이 자리에 있는 사람 중 한 명은 TV에 나오는 영광을 누리겠지만, 어쨌든 그게 내가 될 리는 없어 보였다. 은은한 등이 켜진 로비를 둘러보니 비싼 조명 아래 앉아 있는 수많은 참가자와 내가 별다를 게 없다는 생각이 들었다. 누가 진짜 수백만 달러짜리 집을 거래하는 사람인지 구별하기도 힘들어 보였다. 그러다가 문득, 그렇다면 내가 안 될 이유도 없다는 생각이 들었다. 이 프로그램에 나가고 싶으면 인터뷰에서 최선을 다하면 된다. 면접관들이 찾는 사람은 그런 사람일 테고, 내가 할 수 있는 일도 그것뿐이다.

내가 맨해튼 최고의 부동산 중개인은 아니지만, 이런 기회가 또 언제 올지 알 수 없었다. 두려웠지만 앞으로 나아가 현실과 마주하는 수밖에 없었다. 평소의 나라면 성공할 수 없겠지만, 무의식 속에 잠자고 있는 업그레이드된 버전의 나라면 할 수 있을지도 모른다. 그는 자신감 넘치고 침착하며, 자기가 뭘 해야 할지 아는 사람이니까. 캐스팅 담당자들에게 좋은 인상을 남길 수 있는 시간은 단 30초뿐이었다. 그래서 에너지를 최대로 끌어올린 다음 그들이 찾는 최고 부동산 중개인의 모습을 보여주기로 했다.

짧게 내 소개를 마친 후 바로 인터뷰가 시작됐다. 카메라가 돌기 시작했고, 첫 질문을 받게 됐다. "라이언 씨, 고객에게 집을 보여주러 갈 때 어떻게 다니시나요?" 30일 무제한 교통카드로 대중교통을 이용한다고 답하려다가, "일할 때는 검은색 승용차를 타고, 퇴근 후에는 레인지로버를 타고 다닙니다"라고 답했다.

아니, 뭐라고? 내가 지금 무슨 이야기를 하는 거지? 내가 레인지로버를 가지고 있을 리 없고, 검은색 승용차는 준 셴 부인과 계약을 마친 이후에는 한 번도 타본 적이 없다. 하지만 필요하다면 구할 수는 있었다.

그들이 다음 질문을 던졌다. "가장 좋아하는 동물은 무엇인가요?" 뭐라고? 무슨 인터뷰 질문이 이렇지? 나는 적당한 대답을 찾으려고 머리를 굴렸다. 개라고 하지는 말자. 모두가 개, 사자, 상어라고 답할 테니까. 그럼 뭐라고 답하지? 젠장, 모르겠어. a로 시작하는 동물 아무거나 말해버리자!

"땅돼지aardvark(기다란 혀로 개미를 핥아먹는 아프리카 남부의 동물-

옮긴이)입니다." 그때 캐스팅 담당자의 얼굴에 잠깐 미소가 스친 듯했다. 나의 독창적인 답이 마음에 들었거나 내가 괴짜라고 생각한 게 틀림없었다. "땅돼지요? 진심이세요? 이유가 뭐죠?"

나는 땅돼지가 왜 좋으냐는 질문을 항상 받아왔던 사람처럼 어깨를 으쓱해 보였다. 라이언, 생각해. 땅돼지가 어떻게 생겼는지는 아는 거야? "음…, 땅돼지는 개미를 먹고 살죠. 그리고 뉴욕이라는 콘크리트 정글에서 살아남으려면 땅돼지처럼 단단한 외면을 가질 필요가 있지요." 우와, 멋진 대답이었다. 인터뷰가 재미있어지기 시작했다. 긴장이 풀리면서 수수께끼 같은 질문을 맞받아칠 준비를 했다.

"연 매출이 얼마나 되나요?" 이런! 내가 자주색을 가장 좋아하는 이유에 대해 물었다면 기발한 답을 할 수 있었을 텐데, 이런 질문에는 어떻게 답해야 할지 감이 오지 않았다. "꽤 많이 벌지요. 구체적인 숫자를 원하시는 거라면 생각하는 데 시간이 좀 필요하겠어요. 오늘 인터뷰하는 동안 계산을 끝내기엔 무리겠네요. 죄송합니다."

"좋습니다. 마지막으로 질문 하나만 더 하지요. 우리가 당신을 뽑아야 하는 이유가 무엇이죠?" 라이언, 집중해. 번지르르하게 치장한 다른 부동산 중개인들이 생각해내지 못할 기억에 남을 만한 답이 뭐가 있지? "저는 세계 역사상 가장 놀라운 부동산 중개인이니까요." 만약 내가 마이크를 들고 있었다면 래퍼들처럼 마이크를 멋지게 떨어뜨리는 쇼맨십을 발휘했겠지만, 아쉽게도 내 손에는 아무것도 들려 있지 않았다.

불안함을 감춰야 할 때는
가장 자신 있는 특징을 최대한 부각해라.

그렇게 인터뷰가 끝났다. 인터뷰장을 나올 때의 기분이란…. 휴, 망쳤다는 생각이 들었다. 내가 부동산 업계 새내기이고 이 역할에 어울리지 않는다고 솔직하게 말할 걸 그랬나? 거짓말을 한 것은 아니었다. 그 순간만큼은 내가 언젠가 세계 최고의 중개인이 될 수도 있다고 믿었으니까. 그런 나의 믿음은 누구도 앗아갈 수 없겠지만, 사실 솔직하게 말하면 내가 아직 큰 거래는 몇 번 해본 적 없고 자신감만 넘쳐나는 별 볼 일 없는 사람이라고 털어놓았어야 했다. 땅돼지를 좋아한다는 말을 듣고 내가 완전히 정신 나갔다고 생각하지는 않았겠지? 그 말은 하지 말았어야 했나? 내 대답이 어떤 결과를 불러올지 알 수 없었다.

아무 소식 없이 몇 주가 지났고, 그냥 그걸로 끝인가 보다고 생각했다. 그날 인터뷰했던 중개인들이 모두 자기가 업계 최고라고 주장했을 테니 별로 놀랄 일은 아니다. 머릿속에서 그 일을 완전히 지워버리려던 찰나, 인터뷰를 통과했다는 이메일이 도착했다. 하지만 참가자가 3,000명이 넘었으니 나 말고도 인터뷰를 통과한 사람은 몇백 명 더 있을 테고, 아직 기뻐하기엔 일렀다.

다음 몇 달 동안 나는 캐스팅 담당자와 몇 차례 화상 인터뷰를 치렀다. 그는 내가 주로 어떤 매물을 거래하는지, 쇼에 참여하게 됐을 때 무엇을 보여줄 수 있는지 알고 싶어 했다. "현재 가지고 계신 매물 중 촬영이 가능하면서 가장 비싼 매물은 무엇인가요?" "여자친구 또는 남자친구가 있으신가요?" "나체로 카메라 앞에 서실 수 있나요?" 사실 내가 가진 목록에는 그렇게 큰 매물도 없었고, 여자친구도 없었으며, 수백만 명에게 나체를 보일 자신도 없었다. 그래서 "소호 지역에 있는 2,000만 달러 이상의 매물을 곧 보유할 예정이며 맨해튼 구석구석과 연애 중이고, 나는 벗지 않아도 충분히 매력적"이라고 답했다.

완벽했다. 인터뷰 담당자는 내 대답이 마음에 든 눈치였다. TV에 출연시킬 만한 내 모습을 그들에게 보여준 것이다. 그들이 본 것은 토요일 아침에 과자를 한 움큼씩 집어먹으면서 4시간 동안 만화를 보는 평소의 내가 아니었다.

인터뷰 담당자는 흥미로워했지만 내 심장은 벌렁거리기 시작했다. 소호 지역에 2,000만 달러짜리 매물이라니? 그런 매물이 대체 어디에 있지? 맨해튼과 연애 중이라니, 내가 TV 드라마 〈섹스 앤 더 시티〉의 주인공이라도 된다고 생각했던 것일까? 그들에게 말한 내 모습을 현실로 만들어야 했다. 나는 시장에 나왔다가 취소된 소호 지역 매물 소유주에게 영업 전화를 돌리기 시작했다.

도저히 매물을 찾을 수가 없어서 구글에 '소호 펜트하우스'라고 검색했더니, 〈뉴욕포스트〉에서 발행한 기사 하나가 나왔다. 그린가에 엄청나게 큰 펜트하우스를 가지고 있는 남자에 관한 이야기였다. 기사 내용에 따르면, 집주인이 아주 오랫동안 각종 요금을 내지 않고 버티다가 건물과 관련 있는 사람들 대부분에게 고소를 당했다고 했다. 조사를 더 해보니 집주인 남자는 한때 꽤 유명한 사진작가였고, 아직도 그의 웹사이트에는 연락처가 남겨져 있었다. 나는 당장 그 남자에게 전화를 걸었다.

"안녕하십니까, 사장님. 뉴욕시에서 가장 일 잘하는 부동산 중개인 라이언 서핸트라고 합니다. 제가 곧 〈밀리언 달러 리스팅-뉴욕 편〉이라는 리얼리티 쇼에 출연할 예정인데 촬영이 가능한 멋진 펜트하우스 매물을 찾고 있거든요. 혹시 집을 내놓을 생각이 있으신가요?"

침묵이 흘렀다.

"여보세요?"

"다신 전화하지 마쇼."

쫄보 라이언 서핸트였다면 그의 말대로 다신 전화하지 않았겠지만, 내 안의 대범한 라이언은 거절을 모르는 사나이였다. 다시 전화를 걸었다.

"죄송하지만 제 이야기를 제대로 못 들으신 것 같은데, 사장님의 아파트를 2,000만 달러에 팔아드릴 수 있다고 제안 드리는 겁니다. 그러면 빚도 갚으실 수 있고, TV에서 거래를 성사시켜서 사장님을 고소한 사람들에게 크게 한 방 먹일 수도 있으실 겁니다. 모델들을 초청해 성대한 파티도 열어드릴 수 있습니다. 만나서 이야기하시죠. 오늘 오후 3시나 내일 오후 1시 중 언제가 편하신가요?"

"오늘 3시요."

그날 바로 문제의 집주인을 찾아가 만났다. 남자는 피곤해 보였고, 짙은 갈색 머리는 마구 헝클어져 있었다. 술을 먹다가 시비가 한두 번 이상은 붙었을 것 같은 인상이었다. 어차피 대화가 쉽지 않아 보여 바로 본론으로 들어갔다. "제가 부동산 업계에서 일한 지 오래되지는 않았지만, 며칠 굶은 새끼 사자보다 더 거래에 목말라 있습니다. 사장님 집을 거래하기 전까지는 편히 쉴 생각이 없습니다."

내 말에 마음이 움직였는지 그가 집을 구경시켜주었다. 그는 오래전 소호 한복판에 있는 집 네 개를 합쳐 거의 1,000제곱미터에 달하는 이 궁전 같은 집을 만들었다고 했다. 거실 천장 높이가 10미터나 됐고, 거실 한가운데에는 기중기로 올려놓았을 할리데이비슨 오토바이가 놓여 있었다.

그는 결국 내가 매물을 내놓을 수 있게 허락해줬다. 굶주린 새끼 사자보다 배고프다는 내가 딱했거나 무작정 자기에게 전화를 걸어 집을 내놓으라고 요구한 내 배포에 감동한 것 같았다. 아마 내가 거래를 성사시킬 확률은 0.02퍼센트 정도 된다고 생각했을 것이다. 그는 매물과 비교해 터무니없이 높은 가격인 2,500만 달러에 집을 내놓겠다고 했고, 한 가지 조건을 더 걸었다. 브라보TV에서 하는 쇼에 출연해서 자기를 고소한 사람들과 악독한 전처에게 자기가 얼마나 멋지게 살고 있는지 꼭 보여주고 싶다는 것이었다. 어쨌든 나는 그렇게 2,500만 달러짜리 매물을 가진 중개인이 됐다. 나조차도 캐스팅되지 않은 TV 쇼에 그를 출연시켜주는 조건으로 소호에 수천만 달러짜리 매물을 가지게 된 것이다.

설득의 세 가지 법칙

1. 상대에게 생각할 시간을 준다

문제의 집주인이 처음 내 전화를 끊어버렸을 때 나는 놀라지
않았다. 그 순간 필요한 건 인내심이었다. 그의 처지에서 보면
낯선 사람이 다짜고짜 전화를 걸어 집을 팔라고 요구하는 상
황이었으니 충분히 그럴 만하지 않겠는가. 그가 내 제안을 받
아들일 시간을 좀 줘야 한다. 다시 전화를 걸었을 때, 나의 생
각이 그의 머릿속에 이미 씨앗처럼 심어진 덕분에 '집을 팔아
서 수천만 달러를 벌게 해드리겠다'라는 말로 그의 관심을 끌
수 있었던 것이다. 당신의 제안이 상대의 관심을 온전히 받지
못했다면, 상대가 제안을 받아들일 수 있도록 시간을 조금 준
다음 다시 시도해보자. 두 번째 시도에서는 제안이 받아들여
질 확률이 훨씬 높다.

2. 문제를 해결한다

펜트하우스 주인 남자는 큰 문제를 안고 있었다. 여러 소송 건
에 휘말린 데다 어마어마한 빚까지 떠안고 있었다. 그의 집을
파는 것은 단순한 부동산 거래가 아니라 그가 안고 있는 여러
문제를 한 방에 날려버릴 해결책이었다. 당신의 아이디어가
상대방에게 어떻게 도움이 될지, 문제를 어떻게 해결할 수 있
을지 보여줘라. 예를 들어 회사에 인력 충원을 요구하고 싶다
면, 직원 한 명을 더 영입할 경우 팀에서 프로젝트를 더 받을
수 있고 결과적으로 수입이 높아져 보너스를 늘릴 수 있으며

업무량도 분산시킬 수 있어 주말 근무를 하지 않아도 된다는 식으로 설득하면 된다. 제안을 받아들였을 때 확실하게 이득을 볼 수 있겠다는 생각이 들면 상대방은 거절할 이유가 없다.

3. 거절할 틈을 주지 않는다

당신이 생각한 과정을 따르도록 누군가를 설득해야 할 때, 거절할 틈이 보일만 한 질문은 절대 하지 않는 것이 좋다. 사람들은 선택지를 받았을 때 훨씬 긍정적으로 반응한다. "이 옷을 사시겠습니까?"처럼 '예, 아니요'로 대답할 수 있는 질문에는 "아니요"라고 답하기가 쉽지만, "둘 다 잘 어울리는데요, 파란색과 초록색 중 어떤 옷을 사시겠습니까"라고 질문하면 그중에서 선택할 가능성이 크다. 거절할 틈이 없게 제안하는 법을 익히자.

인터뷰는 그 후에도 계속됐다. 화상 인터뷰를 몇 차례 더 하고 서류도 몇 번 더 보냈다. 브라보TV는 호락호락하지 않았다. 소호의 펜트하우스를 비롯해 내가 거래 중인 매물에 대한 증거자료도 제출해야 했다. 기회를 잡을 생각에 나는 점점 더 설레기 시작했다. 연기하는 것은 언제나 즐거웠고, 리얼리티 쇼에 나가면 수입을 얻으면서 내 안의 연기혼도 불태울 수 있으니까. 친구나 가족들의 생각과는 다르게, 부동산 중개인으로서 TV에 나가면 내가 제공하는 서비스를 대대적으로 광고할 수 있으리라고 봤다. 내가 영업사원이라는 것을 더 널리 알릴수록 더 좋을 것 같았다. 뉴욕 거리를 걷는 동안 아무도 나를 알아보지 못하는 대신 모두가 나를 알아보고 차창을 내리며 "저기요, TV에 나온 적 있죠?"라고 외치게 되지 않을까? 인터뷰 절차가 계속 될수록 내가 캐스팅될 가능성이 보였고, 이 기회를 절대 놓치고 싶지 않았다.

밤에만 활동하며 곤충을 먹고 사는 땅돼지를 세상에서 가장 좋아한다고 뻔뻔하게 답했던 첫 인터뷰 후 6개월 뒤, 마침내 캐스팅 담당자에게서 전화 한 통을 받았다.

"라이언 씨, 안녕하세요? 최종 후보로 열여섯 명을 추렸는데 라이언 씨도 그중 한 분이세요. 저희가 뉴욕으로 갈 예정인데, 저희 촬영 스태프가 몇 시간 동안 라이언 씨를 따라다니며 라이언 씨의 일상을 영상에 담아도 괜찮을까요? 평상시와 똑같이 하시면 됩니다. 카메라를 의식하지 않으셔도 되고, 특별히 뭔가를 준비하실 필요도 없습니다."

평상시대로 하라고? 매일 아침 나는 노점에서 베이글과 커피를 사 들고 출근해 고객이 도착하기 전에 후다닥 먹어 치우곤 했다. 찜통 같은 지하철을 타고 출근하느라 땀에 흠뻑 젖은 겨드랑이를 들키지 않으려고 병원 식당 같은 냄새가 나는 사무실에서 몇 시간 동안 컴퓨터를 들여다보고 앉아 있는 것이 나의 평범한 일상이었다.

일은 열심히 했지만, 결코 멋지다고는 할 수 없었다. 나는 전용 사무실은커녕 거물급 중개인들처럼 고객과 오찬 모임을 해본 적도 없었다. 내 일상을 그대로 보여줘서는 절대 이 기회를 붙잡을 수 없을 것 같았다.

며칠 동안 휑한 집 안을 서성이며 어떻게 하면 캐스팅 담당자에게 성공한 중개인의 모습을 보여줄 수 있을까 곰곰이 생각했다. 그리고 결심했다. '내 일상'을 보여주지 않기로. 그들이 한가한 어느 수요일 오전쯤에 방문하게 돼서는 절대 안 됐다. 그들이 나를 찍으러 왔을 때 매물을 보러 온 손님이 없을 수도 있다. 그래서 다른 중개인 여럿과 함께 쓰는 사무실에 틀어박혀 점심에도 외로이 샐러드를 먹어가며 기존 고객과 매물 소유주들에게 영업 전화를 걸어댔다. 성공에도, 화려한 TV 쇼에도 어울리지 않는 나날이었다.

내 경력에 엄청난 도움을 줄 기회를 거의 붙잡았는데, 운명이 내 앞길을 막도록 내버려 둘 순 없었다. 예상치 못한 일에 내 삶이 끌려가도록 가만히 보고 있지 않기로 했다. 내 삶을 내 의지로 조종해 내가 원하는 곳으로 끌고 가고 싶었다. 이 쇼에 출연하고 싶으면 그들이 보고 싶어 하는 모습을 보여주는 수밖에 없다. 만약 내가 캐스팅되어 촬영하게 됐을 때 값싼 매물만 간신히 거래하는 현재의 내 모습이 TV에 그대로 나간다면 전 세계 사람들은 그런 나를 보게 될 것이고, 그러면 나는 앞으로도 계속 싸구려 매물을 구하는 고객들만 만날 게 뻔했다. "저기요, TV에 나왔었죠? 사는 게 힘들고 우울하죠? 저도 그렇습니다. 그래서 말인데 집 좀 찾아주실래요? 월세 100달러 정도면 좋을 것 같은데"라고 말하는 고객만 만나게 되겠지. 절대 그럴 수는 없다. 나는 돈이 많은 거물급 고객을 만나고 싶었고, 그런 고객들은 내가 그들과 마찬가지로 '성공한' 중개인으로 비쳤을 때만 만날 수 있었다.

성공하기 위해서는 역시 포장이 필요했다. 보통 때는 온종일 문의 전화 몇 통과 집을 보기로 한 약속을 약속 시간 직전에 취소하는 전화 몇 통을 받는 게 업무의 전부였다. 그런가 하면 밀려드는 고객들에게 집을 보여주기 위해 쉴 틈 없이 이리저리 뛰어다니거나 전화벨이 끊임없이 울리는 날도 있었다. 캐스팅 담당자에게 바쁜 모습의 나를 보여주고 싶었다.

그리고 그런 모습을 보일 작정이었다. 온종일 미친 듯이 바빠 보이려면 예약이 빈틈없이 아주 꽉 차 있어야 했다. 나는 몇몇 고객과 약속을 잡고, 혹시 예상치 못하게 한가한 틈이 생길 때를 대비해서 방송국 사람들과 있는 시간 동안 나에게 전화를 걸어달라고 친구와 가족들에게 따로 부탁해두었다. 그날 전화를 몇 통이나 받게 될지 운에만 맡겨둘 수는 없었다.

친구 케일럽에게 "아침 7시부터 수시로 전화해줘. 내가 전화를 안 받더라도 몇 번이고 계속 전화해"라고 부탁했다.

나와 공동중개를 한 적이 있는 동료 마이크에게도 전화를 걸었다. 그는 레인지로버를 가지고 있었다. "네 차가 좀 필요해. 흠집 안 내고 잘 타겠다고 약속할게."

마이크가 약간 망설이는 것 같더니 말했다. "잠깐, 혹시 개 키워? 지난번에 차를 한 번 빌려줬는데 그 집 개가 뒷좌석에 오줌을 싸는 바람에 몇 주 동안 개 오줌 냄새랑 개털 냄새 때문에 엄청나게 고생했단 말이야."

"개 안 키워. 사람만 태우고 다닐게." 아직도 뒷좌석에서 오줌 냄새가 나거나 털이 날리지 않길 바라며 내가 말했다.

"알았어. 오후 5시까지는 꼭 돌려줘야 해. 부모님이랑 뉴저지에 갈 일이 있어서 말이야. 아참, 라이언. 뉴욕 시내에서 운전해본 적은 있어?"

"마이크, 정말 고마워!"

방송국 사람들과는 아침 6시에 복싱 체육관에서 만나기로 했다. 나는 복싱을 좋아하지 않았고, 방송국 사람들에게 복싱하는 모습을 보여주는 건 거의 쇼나 다름없었다. 당시 내 생각에 보스는 약간 나쁜 남자 같은 인상을 풍겨야 한다고 생각했다. 매일 운동을 하기는 했지만 거의 근력 운동 위주였는데, 그날은 상남자처럼 보이고 싶었다. LA에 있는 방송국 사람들이 내 영상을 보고 "남성미 넘치게 복싱하는 저 중개인은 누구야? 투지가 있어 보이잖아! 뉴요커다워. 당장 캐스팅하자고!"라고 말하길 바랐다. 정말 완벽한 계획 아닌가?

마침내 그날이 왔다. 나는 체육관에서 우스꽝스러운 펀치를 날리며 요상한 폼으로 샌드백을 치고 있었고, 캐스팅 담당자와 카메라맨, 음향감독이 어기적거리며 모습을 드러냈다. 아직 시차 적응이 채 안 된 상태였던 데다 그들이 살던 LA에서라면 완전히 꼭두새벽부터 움직이는 셈이어서 정말 내키지 않는다는 표정이었다. 어쨌든 그들은 내게 정중하게 인사를 건넸다. 나는 특공대 출신의 우락부락한 트레이너 에디 레신스키에게 내가 터프하고 멋져 보일 수 있게 해달라고 미리 부탁해뒀다. 그는 "뭐가 걱정이야. 이 나라를 위해 열댓 번도 더 죽다 살아난 사람이 나라고. 무슨 말인지 아주 잘 알겠어"라고 흔쾌히 답했다. 방송국 사람들이 다가오자 그는 위아래로 쿵쿵 뛰며 미친 사람처럼 소리쳤다. "서핸트, 준비됐나? 목소리 봐라! 서핸트!"

"어…, 예! 예, 준비됐습니다!"

"전방에 함성 발사아아아!"

방송국 사람들은 마치 격투기 경기라도 관람하는 듯한 표정으로 우리를 보고 있었다. 겁을 먹은 것 같기도 했다. 어쨌든 그들은 촬영을 시작했다. 에디가 링 안으로 들어와 나를 상대로 주먹을 휘두르기 시작했다.

"에디…, 에디." 내가 헉헉거리며 말했다. "에디, 최고 레벨 말고 레벨 8 정도로 복싱 연습 상대나 되어주면 돼. 난 아직 죽을 준비는 안 됐어."

"아, 알았어. 걱정하지 마."

우리는 스파링을 시작했고, 에디는 그 뒤로도 여전히 고함을 질렀다.

방송국 관계자들은 뉴욕시에서 제일가는 부동산 중개인이 어디에 사는지도 보고 싶어 했다. 처음 일을 시작할 때보다는 수입이 나아져서 파이낸셜 디스트릭트에 있는 꽤 괜찮은 아파트에 살고 있었지만, 아파트를 멋지게 꾸밀 만큼 자금 사정이 여유롭지는 않았다. 휑한 우리 집은 대학을 졸업하고 이제 막 사회생활을 시작한 집주인이 사는 곳 같았다. 촬영 일주일 전 나는 메이시스 백화점 가구 코너를 찾았다. 전시용 거실과 침실을 둘러보며 상류층 사람들이 좋아할 만한 가구들을 찾았다. 빈틈없이 꾸며진 전시용 침실 두 개를 가리키며 "저쪽 쇼룸 두 개에 전시된 가구 전부 주문할게요"라고 말하고는 신용카드를 내밀었고, 평생 쓸 가구를 사는 거라며 벌렁거리는 가슴을 진정시켰다.

촬영 스태프들은 레인지로버 뒷좌석에 끼어 탔다. 차를 몰고 거리로 나가기 전 심호흡을 한 번 했다. 방송국 사람들에게는 들키지 않으려고 애썼지만, 속으로는 엄청나게 떨고 있었다. 솔직히 그때까지 한 번도 차를 몰고 뉴욕 시내를 다녀본 적이 없었다. 빌린 레인지로버가 9만 달러나 한다는 사실은 둘째치고, 맨해튼 시내를 운전하는 건 마치 비디오 게임을 하는 것만 같았다. 택시와 버스와 트럭, 여기저기서 끼어드는 음식 배달 오토바이들, 언제든 차 앞으로 뛰어들 준비가 된 전화기에 코를 박고 걷는 사람들을 요리조리 피해 다녀야 했다. 친구는 결의에 찬 표정으로 차 키를 건네며 '지나치게 안전하게 운전하려고 하면 사고가 나기 쉽다'라고 경고했다. 웃기는 소리. 나는 안전 운전 따위는 모른다고. 나는 가속 페달을 힘껏 밟았다. 방송국 직원들은 겁을 잔뜩 먹었다. 그들은 뒷좌석 가장자리로 몸이 쏠린 채 미친놈처럼 운전하는 나를 촬영했다.

다행히 모두 멀쩡하게 우리 집에 도착했다. 내가 바랐던 대로 전화기가 미친 듯이 울려댔다. "사우디로 계좌 이체가 안 된다고? 알겠어. 걱정하지 마. 내가 다시 전화할게." 방송국 사람들은 우리 집을 둘러봤고, 내가 옷을 갈아입는 동안 (내 친구의) 서프보드, (또 다른 친구의) 도로 주행용 자전거, (서프보드 주인의) 스케이트보드를 발견했다. 나는 넥타이를 매는 동안에도 계속 전화를 받았다. "여보세요. 네, 거래를 원하신다니 기쁘네요. 340만 달러요? 충분한 금액은 아닌데, 모자란 부분은 반반씩 절충해서 각자 고객을 설득해보죠. 저는 할 수 있을 것 같은데, 그쪽 고객은 어떨지 모르겠네요. 다시 전화드리죠."

엘리베이터에서도 전화를 받았다. "라이언, 엄마다. 전화하라며. 무슨 일이니? 뭐가 그리 급해?" 나는 답했다. "네. 집을 내놓으신다니 좋네요. 서류 작성을 도와드릴 수 있도록 제 비서를 보내겠습니다."

"뭘 한다고? 네가 비서가 어디 있니? 나야 나, 네 엄마라니까! 무슨 소리를 하는 거야? 너 괜찮은 거지?"

나는 한 은행가에게 소호 지역의 펜트하우스를 보여주기로 약속이 되어 있었고, 방송국 사람들은 머뭇거리며 내 차에 다시 탔다. 그동안에도 내 전화기는 계속 울렸다. 고객(방송에 절대 내보내지 않는다는 조건으로 방송국 사람들에게 집을 보여주는 과정을 찍는 것을 겨우 허락한, 친구나 지인으로 꾸며낸 고객이 아닌 진짜 고객이었다)을 펜트하우스 앞에서 만났는데, 기분이 좋지 않아 보였다. 그는 구겨진 〈월스트리트 저널〉을 한 손에 들고 다른 손에는 반쯤 먹다 만 베이글을 들고 있었다. "오늘 주식시장이 안 좋네요. 이 아파트 때문에 시간까지 낭비하지 않길 바랍니다."

방송국 사람들은 숨죽인 채 심기가 불편한 고객에게 안방 창밖으로 보이는 멋진 풍경을 열심히 설명하는 내 모습을 지켜봤다. 화강암 상판이 깔린 아일랜드 식탁이 갖춰진 완벽한 주방, 최고급 가전제품, 바닥부터 천장까지 탁 트인 채로 이어져 시내

풍경이 훤히 내려다보이는 창문을 포함해 집의 나머지 부분을 보여주고 나니 고객의 기분은 확실히 나아져 있었다. 집에 관심을 보이는 것 같았다. 됐다!

고객이 떠나고 난 후 나는 시계를 흘깃 봤다. 젠장. 아직도 10시였다. 어떻게 이럴 수가 있지? 펜트하우스만큼 들떠 있던 기분이 지하실까지 곤두박질쳤다. 방송국 사람들은 앞으로 서너 시간은 더 나를 따라다닐 것이다. 어쩌지? 아침 일정이 이보다는 오래 걸릴 줄 알았건만. 이제 더는 할 일이 없었다. 집을 보여줄 고객도 없었고, 상담 예약도 없었다. 집을 보여주기로 한 약속이 하나 더 있었지만, 아침에 뉴욕 시내를 신나게 달리는 동안 취소되고 말았다. 방송국 사람들은 다음 일정을 기다리며 멀뚱히 서 있었다. 이제 어떻게 한담? 유능한 부동산 중개인에게 한가한 시간이란 없다고! 아무것도 하지 않으면 절대 수백만 달러를 벌 수 없지.

—

계획을 엎다

—

유능한 중개인인 척하며 남은 서너 시간을 때울 방법을 생각하고 있는데, 전화벨이 울렸다. "안녕하세요, 저는 메리라고 하는데 첼시에 있는 방 하나짜리 아파트 공고를 보고 전화했어요. 한 달에 1,900달러짜리요. 한 번 볼 수 있을까요?"

수백만 달러짜리 거래와는 거리가 먼 그 집으로 방송국 사람들을 데려갈 수는 없었다. 메리라는 여자는 자기가 찾는 매물에 대한 설명을 이어갔고, 아파트에서 개를 기를 수 있는지, 자기 대신 아버지가 월세를 내도 괜찮을지 물었다. 나는 어쩔 줄 몰라 일단 화장실로 들어갔다. 메리의 롱아일랜드 억양을 듣고 있자니 갑자기 얼마 전 데이트했던 여자가 떠올랐다.

술을 한잔하러 갔다가 만난 그 여자와 저녁을 먹기로 하고 바를 나섰을 때, 갑자기 여자의 전화가 울렸었다. 전화를 끊은 여자는 나를 보더니 "라이언, 오늘 정말 재미있었어요. 진심이에요. 그런데 죄송하지만 이제 가봐야 할 것 같아요. 나중에 전화 드릴게요." 그녀는 지나치지 않을 만큼 적당히 친절했다. 그리고 별로 아쉽지 않다는 듯 내 앞을 지나쳐 문을 나섰다. 나는 전혀 실망하지 않았다. 그녀는 자신감 있고, 강인하고 당차 보였고, 친절하기까지 했다. 나는 그저 감탄만 할 뿐이었다. 당연히 그녀와 다시 데이트하고 싶었다. 하지만 그녀는 품위를 지키며 도도하게 나를 떠나버렸다.

"여보세요? 듣고 계신가요? 오늘 집을 볼 수 있나요?" 나는 다시 메리에게 집중했다. 그녀에게 보여줄 집 주소를 불러준 다음 20분 안에 만나자고 했다. 전화를 끊고 방송국 사람들이 있는 곳으로 갔다. "정말 죄송합니다. 급한 일이 생겼는데 당장 처리해야 할 것 같아요. 만약 더 필요하신 게 있으시면 전화 주세요." 나는 첫 번째 번호로 연락이 안 될 수 있다며 그들에게 전화 번호 세 개를 건넸다. 사실 나머지 두 개는 가짜 번호였기 때문에 첫 번째 번호만 줘도 상관없었다. 나에게 매일 전화를 거는 사람은 우리 엄마뿐이었지만, 전화가 세 개나 필요할 정도로 바쁜 사람이라는 인상을 주면 나를 보는 시선이 달라지리라 생각했다. "다시 한번 사과드리겠습니다. 하지만 정말 어쩔 수가 없네요. 필요하신 게 있으면 뭐든 해드리겠습니다"라고 말하고는 그들을 펜트하우스에 남겨둔 채 전혀 아쉽지 않다는 듯 격조 있고, 자신감 있고, 강인하고, 당차게 문밖을 나섰다. 유리창 너머로 나를 내려다보는 방송국 사람들의 시선을 느끼며 친구의 레인지로버에 올라탔는데, 시동 거는 방법이 생각나지 않았다. 겨우 버튼을 눌러 시동을 걸었고, 나는 무사히 자리를 떴다.

비상사태에 대처하는 방법

일을 하다 보면 당장 탈출해야 하는 상황이 발생할 때가 있다. 회의가 너무 오래 계속되거나, 전화 통화가 쓸데없이 길어지거나, 다른 약속이 있다고 눈치를 주는데도 고객이 알아차리지 못할 때는 격조 있게 상황을 모면할 수 있도록 다음 대사를 활용해보자.

- "당장 처리할 일이 생겼네요. 정말 죄송합니다."
- "일을 하게 되어 기쁩니다. 다음 단계로 빨리 나아갈 수 있으면 좋겠네요. 최대한 빨리 연락드리죠."
- "드디어 같은 방향으로 생각하게 된 것 같네요. 앞으로 나아갈 방향을 생각해서 연락드리겠습니다. 감사합니다."

- "오늘 오전에 약속이 없었으면 이 이야기를 계속할 수 있었을 텐데 아쉽군요. 도움이 많이 됐습니다. 제가 곧 다른 약속이 있어서요."
- "만나 뵙게 되어 정말 영광입니다. 이 문제에 대해 상의할 겸 내일 다시 연락드리죠."

방송국 사람들을 따돌리는 것이 캐스팅 담당자가 '그래, 우리가 원하던 사람이 바로 이 사람이야!'라고 생각하게 만드는 방법이라고는 할 수 없지만, 만약 그때 불리한 상황을 피하려고 계획을 엎지 않았더라면 분명 다른 결말이 났을 것이다. 예정보다 촬영을 빨리 끝내기로 한 판단을 두고 상황을 잘 통제했다고 할 수는 없지만, 나에 대한 긍정적인 인상을 유지하려면 어쩔 수 없는 선택이었다. 내가 온종일 엄청나게, 아주아주 바쁜 사람이라는 인상을 주고 싶었다. 그즈음 나는 실제로도 꽤 바빴다. 거래가 늘어나는 중이었다. 하지만 그날만큼은 특히 더 바빠 보여야 했다. 그렇지 않으면 내가 온종일 아무것도 하지 않는 것처럼 보일 것이고, 방송에 보이지 않는 시간 동안 내 삶이 어떤지는 어차피 아무도 관심이 없으니까.

모델이 되려고 준비하고 있을 때, 오디션을 준비하다 보면 하필 오디션 전날 이마 한가운데에 큰 뾰루지가 나곤 했다. 왜 피부가 깨끗한 날은 오디션이 없는 걸까? 내가 항상 이마 한가운데에 뾰루지가 나 있으리라고 생각한다면 캐스팅 담당자는 나를 뽑지 않을 것이다. 만약 그날 계획을 바꾸지 않았다면 방송국 사람들은 내가 혼자 책상에 앉아 점심을 먹고, 부재중 전화를 확인하고, 이메일을 보내는 모습을 촬영했을 것이다. 전혀 멋지다고 할 수 없는, 재미라고는 하나도 없는 일상을 보게 됐겠지. 나는 지난주에 전화벨이 얼마나 끊이지 않고 울렸는지에 대해 이야기하면서 내가 얼마나 바쁜지 설명했을 테고, 그러면 촬영팀은 지루함에 하품이나 하며 촬영을 마무리했을 게 분명하다.

성공의 기운을 지닌 사람은 별 볼 일 없는 에너지와 작별하고 강력하고 큰 에너지를 품게 되는 마법 같은 순간이 저절로 오지 않는다는 사실을 알고 있다. 성공의 기운을 뿜어내고 싶다면 비록 스스로 100퍼센트 확신할 수 없을지라도 상대방에게 자신이 강하고, 자신감 있고, 당차다는 인상을 전달해야 한다.

촬영팀을 태웠을 때보다는 느리게 차를 몰아 다음 고객을 만나러 다운타운으로 향하면서 내가 방금 방송국 사람들을 따돌렸고 그 때문에 방송에 출연할 수 없게 됐을지는 모르지만, 적어도 내가 내뿜는 에너지를 스스로 조절할 수 있다는 사실을 자신에게 증명해 보였다는 사실을 깨달았다. 내가 원하는 인생은 나에게 달렸다는 사실 또한 깨달았다. "음, 죄송합니다. 오전 10시밖에 안 되기는 했지만, 오늘 보여드릴 건 이게 다네요. 팬케이크라도 함께 드시겠어요?"라고 말해서는 성공한 중개인의 모습처럼 보일 수 없었다. 나는 그날의 흐름을 내 의지로 바꿨다.

■ 세 번째 코드 ■

누군가를 만나기 전에 적어도 10초 동안

머릿속을 긍정적인 생각으로 채워라.

머릿속에 행복한 생각이 채워져 있으면 긍정적인 에너지와

자신감을 뿜어낼 수 있고, 그러면 대화의 분위기가 바뀐다.

레인지로버를 주차한 다음 메리라는 여자와 그녀의 아버지를 만나기 위해 웨스트 8번가에 있는 건물로 걸어가는 동안 전화벨이 울렸다. 아침에 펜트하우스를 보고 간 고객이었다. 그는 방송국에서 촬영을 온 것이 꽤 재미있었던 모양이고, 그 집을 사고 싶다고 했다.

내 의지로 흐름을 바꾼 그날 이후 몇 달이 지났고, 마침내 〈밀리언 달러 리스팅-뉴욕 편〉의 첫 번째 시즌에 캐스팅됐다는 연락을 받았다. 나의 에너지를 바꾸면 인생 전체를 바꿀 수 있다는 사실을 깨달았다.

3. 아마추어는 없다

대박 영화 캐스팅 제의드립니다.

라이언 씨, 안녕하세요.

〈밀리언 달러 리스팅-뉴욕 편〉 재미있게 봤습니다. 저는 벤 스틸러, 나오미 왓츠, 애덤 드라이버, 어맨다 사이프리드 주연으로 노아 바움백 감독이 제작하는 영화의 캐스팅을 담당하고 있는 사람입니다. 펀드매니저 '데이브' 역 오디션에 참여할 의향이 있으신지 여쭙고 싶습니다. 역할에 상당히 잘 어울리시리라 생각하고 있습니다. 답신 주세요.

더그 드림

연기의 꿈을 접고 부동산 중개인이 된 지 벌써 4년이다. 나는 이 이메일을 읽자마자 삭제해버렸다. 사기꾼이 보낸 게 틀림없으니까. 연기 인생은 끝났어. 영화 오디션을 보면야 당연히 좋겠지. 투명 인간 역을 맡으면 더 좋지 않겠어? 날 수도 있으면 더 좋고! 노아 바움백 같은 유명한 영화감독과 함께하려고 몇 년을 노력했는데 결국 실패하지 않았던가. 나는 이메일을 머릿속에서 지우고 평소와 같이 일에 전념했다. 몇 주 뒤, 아침 운동을 하러 가기 전 받은편지함을 열었다가 눈에 띄는 이메일 하나를 발견했다.

대박 영화 캐스팅 담당자입니다.
라이언 씨, 안녕하세요. 오디션 건은 생각해보셨는지 궁금합니다. 데이브 역에 라이언 씨가 정말 잘 어울릴 것 같아서요. 궁금하신 점 있으시면 연락 주세요. 오디션 때 참고하실 대본의 일부를 첨부합니다.

잠깐, 그게 진짜였어? 사기를 치는 사람이 이렇게 정성스럽게 대본까지 쓸 리가 없잖아! 나는 빠르게 대본을 넘겼다. 대본은 심지어 탄탄하고 재미있었다. 펀드매니저인 데이브가 회의에 참석해 왜 역사상 가장 길고 지루한 다큐멘터리 영화에 투자해야 하는지 설명하는 조시(벤 스틸러가 맡게 될 역할)의 프레젠테이션을 듣는 장면이었다. 데이브의 대사는 단조로우면서 반어적이었다. 딱 내가 사용하는 말투였다. 하지만 아쉽게도 나는 연기를 완전히 포기한 지 오래였다. 그런데도 마음속에서 작은 희망이 피어올랐다. '라이언, 오디션에 참여하고 싶잖아. 진짜 영화감독이 너를 찾는다는데 포기할 거야? 예전과는 상황이 다르다고!' 속삭이는 목소리가 머릿속에서 떠나질 않았다. 틀린 말도 아니었다. 시도는 해보는 게 낫지 않을까? 나는 오디션에 참여하고 싶다고 답신을 보냈다. 이런 기회가 찾아오다니!

오디션 날이 됐고, 나는 안내받은 대로 이스트 빌리지에 있는 오디션 장소로 갔다. 문을 열자 예전의 나쁜 기억이 떠올랐다. 연기자의 꿈을 꾸던 패배감 가득하던 시절로 돌아간 듯했다. 간절하게 역할을 원하는, 청바지와 티셔츠를 입은 배우들로 대기실이 복작거렸다. 모두 대본을 읽고 있었고, 대본을 가린 채 암기한 대사를 확인하는 사람들도 보였다. 다들 열정적이었다. 배우들의 에너지로 벽이 진동하는 것 같았다. 연기 학원에서 배운 대로 얼굴 근육을 푸는 운동을 하느라 미친 것처럼 보이는 사람이 나 혼자가 아니라고 생각하니 어쨌든 안심이 됐다. 나는 오디션이 끝난 다음 고객에게 집을 보여줘야 했기 때문에 양복을 차려입고 있었다.

양반다리를 한 채 바닥에 앉아 명상하고 있는 남자를 거의 밟다시피 지나 빈 의자에 앉았다. 배우가 되기를 간절히 원하는 배우 지망생들은 몸을 푸느라 정신이 없었지만, 나에게는 확인해야 할 이메일들이 있었다. 첼시에 있는 방 두 개짜리 집을 사고 싶다는 이메일이 와 있었다. 매수인을 충분히 설득할 수 있는 상황이었다. 매수인에게 이메일을 보내고 다른 이메일들에도 답장을 거의 마쳤을 때, "라이언 서핸트 씨, 준비되셨나요?"라는 소리가 들렸다.

대기실을 나서며 시계를 흘긋 봤다. 대기 시간이 너무 길어져서 집을 보여주기로 한 시간까지 20분밖에 남지 않았다. 최대한 여기를 빨리 나가야 했다. 어차피 가망성도 없는 이 오디션을 왜 본다고 했는지 자신에게 화가 났다. 어쨌든 나는 아담한 오디션장으로 들어갔다. 캐스팅 담당자는 자신이 벤 스틸러의 대사를 읽어주겠다고 했다.

우리는 대사를 읊으며 장면 속으로 빠져들었다. 나는 내 대사를 연기했고, 오디션은 잘 되어가고 있었다. 방 안에 있던 제작진의 웃는 소리를 들으니 기분이 좋아졌다. 와, 꽤 재미있는데? 나는 오디션을 즐겨본 적이 한 번도 없었다. 내 앞에 앉은 사람들에게 내 심장이 벌렁거리고 있다는 사실을 들킬까 봐 걱정만 하곤 했었다.

캐스팅 담당자는 내게 시간을 내주어 고맙다고 했다. 배우 지망생들을 요리조리 피해 가며 문밖으로 나오느라 애를 써야 했다. 나오자마자 보이는 택시를 잡아 올라탔다. 업타운으로 올라가면서 메시지들을 확인했고, 그날따라 마법에라도 걸렸는지 맨해튼의 악명 높은 교통체증에 갇히지 않고 집을 보여주기로 한 시간에 딱 맞게 도착할 수 있었다. 정말이지 모두가 행복한 하루였다.

다음 날, 캐스팅 담당자에게서 예상치 못한 전화 한 통이 걸려왔다. "안녕하세요, 어제 봤던 오디션 중에서 라이언 씨의 오디션이 가장 유쾌했습니다. 벤 스틸러 씨가 참석하는 오디션에 와주셨으면 좋겠습니다."

뭐? 벤…, 스틸러라고? 이게 꿈이야 생시야? 역할에 그다지 열정도 없었고 캐스팅 전화를 목 빠지게 기다리지도 않았는데,

내가 역할을 따냈다고?

며칠 뒤 배우 벤 스틸러, 노아 바움백 감독과 스튜디오에서 만나기로 했다. 그 건물은 마치 배우들을 위한 공유 사무실 같았다. 오디션이나 리허설을 위해 빌릴 수 있는 스튜디오들이 마련되어 있었다. 오디션을 보기로 한 층으로 올라가면서 생각했다. 잠깐, 여기 와본 적이 있는 것 같은데…. 알고 보니 그 건물은 〈밀리언 달러 리스팅〉에 출연할 당시 매주 제작자와 회의를 하던 건물이었다. 아주 잠시, TV에 출연한 이후 나 자신이 얼마나 발전했는지 떠올렸다. 〈밀리언 달러 리스팅〉에 출연한 것은 거의 도박이었다. 제작자가 나를 언제 내칠지 안절부절못하던 게 엊그제 같은데 곧 벤 스틸러와 대사를 맞춰보게 됐다니, 정말 엄청난 우연의 연속이라는 생각이 들었다.

스태프 중 하나가 나를 방으로 불렀다. 방으로 들어가니 내 자리 바로 앞에 노아 바움백 감독과 영화 〈쥬랜더〉에서 막 튀어나온 것 같은 벤 스틸러가 앉아 있었다. 나는 완전히 얼어붙었다. 모두가 나를 빤히 바라봤고 나는 불쑥 "안녕하세요, 전에 와본 적 있는 방이네요"라고 내뱉었다. 두 사람은 아무 대꾸 없이 나를 쳐다봤고, 잠시 뒤 노아 바움백 감독이 "그렇군요"라고 짧게 대꾸했다.

부동산 리얼리티 쇼 제작자 사무실에서 유명 배우 벤 스틸러를 만나고 있다는 생각에 흥분이 가라앉지 않았다. 지금의 나는 이런 오디션을 따내기 위해 신체 포기 각서라도 기꺼이 쓰고자 하는 절박한 배우 지망생이 아니었다. 나는 여기에 초대를 받아온 사람이다. 오디션이 끝나고 나면 나는 수백만 달러짜리 수수료 수표를 받으러 다운타운으로 갈 예정이었고, 그 생각을 하니 힘이 났다.

벤 스틸러가 내게 물었다. "이 역할을 맡을 준비가 되셨나요?"

"당연하죠." 나는 마치 그 역할을 따낸 것처럼 대사를 읊었다. 대사를 주고받는데 벤 스틸러가 갑자기 웃기 시작했다. 내가 그를 웃게 만들다니! 심지어 합이 너무 잘 맞은 나머지 우리는 같은 장면을 한 번 더 맞춰보기까지 했다.

다음 날 캐스팅 담당자인 더그에게 전화가 왔다. "라이언 씨, 역할을 맡아주시면 좋겠습니다." 오디션을 수없이 망치던 내가 이제 영화 엔딩 크레딧에 이름을 올리게 된 것이다. 연기를 포기하고 부동산 중개인이 됐는데, 이 일이 나를 다시 꿈으로 데려다줬다. 인생이란!

—

자신을 이겨내자

—

벤과 오디션을 본 날 갑자기 연기를 잘하게 된 것은 아니었다. 예전의 나는 다른 연기자들과 별다를 것이 없었다. 대사를 미친 듯이 연구하고 오디션에서는 긴장해서 손을 벌벌 떠는 평범한 연기자였다. 오디션을 보러 가려면 엄청난 용기가 필요했다.

'제발 저를 뽑아주세요. 제발요!' 너무도 간절한 에너지에 가려 내 재능이 보이지 않았다. 마치 관심을 끌기 위해 주인의 발꿈치를 잘근잘근 씹어대는 강아지 같았다. 강아지는 물론 사랑스럽지만, 누구도 강아지와 함께 사업을 하거나 일을 하거나 영화를 만들고 싶어 하지는 않는다. 강아지들은 간식을 달라고 폴짝폴짝 뛰고, 공을 던져달라고 간절한 눈빛을 보내며, 작은 몸에서 뿜어져 나오는 정신없는 에너지를 스스로 통제하지 못한다. 하지만 늑대는 다르다. 자기 자신을 조절할 줄 알고, 누군가에게 귀염을 받지 않아도 자신의 위용을 스스로 안다. 배고픈 늑대는 숨을 들이켜 먹잇감의 냄새를 추적한 다음 목표물을 사냥한다.

　예전의 나는 빠듯한 주머니 사정과 어두운 미래를 어깨에 짊어진 채 오디션에 참여했다. 무엇에도 집중할 수 없었다. 아마추어의 삶이었다. 내가 원했던 역할을 따낸 오디션장의 경쟁자는 어땠을까? 과연 나처럼 밀린 청구서와 돈 문제 때문에 긴장하며 살고 있었을까? 아마도 그랬을 것이다. 오디션을 보러 오는 사람들의 처지는 뻔하니까. 하지만 그들은 프로처럼 자신의 걱정거리를 마음 한쪽에 치워둘 수 있었을 것이다. 계좌에 돈이 별로 없어도 그들에게는 큰 문제가 아니었을 것이다. 프로는 어려움 속에서 비상할 줄 알고, 간절하게 원하는 먹잇감을 찾아 공기 중의 냄새를 포착하는 늑대가 될 줄 안다.

실패를 두려워하지 마라.

한순간에 인생이 결정되지는 않는다.

자고 일어났더니 어느 날 갑자기 크고 멋진 늑대가 된 것은 아니었다. 하룻밤 사이에 일어난 일이 아니라는 뜻이다. 처음 부동산 중개를 시작했을 때는 아마추어 같은 순간의 연속이었다. 모든 일에 생사가 달린 것 같았고, 거절을 당할 때면 자존감이 바닥을 쳤다. '관심을 가져주세요! 누가 나에게 공 좀 던져주세요!'라고 간절히 눈빛을 보내곤 했지만, 시간이 지날수록 차츰차츰 아마추어 같은 습성을 벗어던지게 됐다. 그러면서 이제껏 내 안의 불안이 내가 걸어온 길 곳곳에서 나를 방해하고 있었다는 사실을 깨달았다. 불안은 긍정적인 에너지를 갉아먹고 자신이 어떤 일도 할 수 없는, 아무것도 아닌 존재라고 느끼게 했다. 아마추어에서 빨리 프로가 되려면, 더 큰 버전의 자신을 보고 싶다면, 지금부터 소개하는 아마추어적 습성을 일상에서 없애야 한다.

■ 첫 번째 아마추어적 습성: 남을 비난하기

아주아주 나쁜 습성이다. 나야말로 수년간 다른 사람을 비난해왔기에 누구보다 잘 안다. 남을 비난하는 습성을 정의하기는 쉽다. 절대 자기 자신이 문제일 리 없다고 생각하는 것. 남을 비난하는 사람들은 누군가 또는 무언가가 잘못됐기 때문에 문제가 발생한다고 생각한다. 모든 문제나 손실, 실망스러운 순간에는 자신이 손쓸 수 없었던 뚜렷한 이유가 있다고 생각한다. 이걸 읽고 당신도 찔리는 구석이 있을지도 모르겠다. 자신을 둘러싼 환경이나 돈, 인맥, 시간, 외모 등 자신이 가지지 못한 것 또는 자신을 미워하는 상사나 동료 때문에 문제가 발생했다고 생각할 수도 있다. 기분이 우울한 날에는 특히 더 심하게 남 탓을 하기도 한다.

남을 비난하는 사람들이 자주 쓰는 표현으로는 '만약 ~했다면', '~만 없었다면', '하지만 만약', '언젠가는' 등이 있다. 남을 비난하고 싶을 때는 진지하게 자신에게 물어보라. 그렇게 해서 얻을 수 있는 게 무엇인가? 인생의 어느 시점에서든 우리는 자신을 신뢰할 수 있어야 한다. 인생이 잘 풀리지 않는 것이 자신이 아닌 다른 사람의 탓이라고 생각하면 아무것도 고치지 않아도 되기 때문에 남 탓을 하게 되기 쉽다. 하지만 단언컨대 남 탓만 해서는 아무것도 얻을 수 없다. 남 탓은 접어두고 자신의 행동에 책임을 져야 한다. 우리는 모두 잠재력을 마음껏 발휘하며 살 자격이 충분하다.

앞으로 일이 잘 풀리지 않을 때는 자신을 객관적으로 바라보자. 그리고 다른 결과를 내기 위해 했어야 하는 일 세 가지를 적어보자. 예컨대 프레젠테이션 연습을 할 때, 녹화를 하면 더 꼼꼼하게 준비할 수 있다. 녹화 영상 속 자신의 모습이 자신감 넘치고 설득력 있어 보이는가? 말끝을 흐리지는 않는가? 자기 모습을 객관적으로 볼 수 있으면 좀 더 나은 결과를 얻을 수 있을 것이다. 프레젠테이션 중에 방귀를 꿰어 주의를 산만하게 한 동료를 비난해봐야 결과는 더 나아지지 않는다. 프로처럼 발표하려면 그렇게 보일 때까지 연습하는 것만이 답이다. 아마추어들이 옆으로 물러나 있는 동안 프로인 당신은 분위기를 멋지게 이끌어갈 수 있을 것이다.

▪ 두 번째 아마추어적 습성: 트라우마에 사로잡히기

몇 달 전, 아내 에밀리아와 나는 연휴가 낀 주말에 열대의 섬으로 휴가를 떠났다. 아이를 키우는 부모라면 부부가 오붓하게 여행을 떠날 기회가 얼마나 흔치 않은지 잘 알 것이다. 해변에 누워 아름다운 주변 풍경에 감탄하면서 사진을 찍어 인스타그램에 올려야겠다고 생각했다. 사진을 한 장 올린 다음 다시 누워 얼굴에 닿는 카리브해 햇볕의 따스함을 느꼈다. 자외선 차단제를 충분히 발랐는지 생각하고 있을 때, '띵!' 하고 문자 메시지 알림이 울렸다. 나는 휴대전화를 흘긋 보고, 메시지를 보낸 사람이 함께 일하는 부동산 개발업자라는 것을 확인했다.

"안녕하세요, 휴가를 보내고 계시나 보네요."

얼굴이 달아올랐다. 세상에, 라이언. 지금 꼭 이래야만 했어? 대체 무슨 생각으로 사진을 올린 거야? 휴가 중에 잘리게 생겼잖아! 잘한다, 잘해. 이 멍청한 자식아! 잠깐, 작년 사진이라고 둘러댈까? 하지만 거짓말을 하긴 싫은데…. 내가 거짓말쟁이는 아니잖아!

나는 자세를 고쳐 앉아 아름다운 해변을 둘러봤다. 휴가 좀 오면 어때? 기운을 충전할 시간이 필요했잖아. 나는 성인이고, 내 삶을 책임질 수 있잖아. 뉴욕에서 고객과 매물을 열심히 관리해줄 일 잘하는 팀도 있고 말이야. 만약 부동산 개발업자가 '이것 봐라, 라이언이 섬으로 휴가를 떠났네. 나나 내 아파트는 신경도 쓰지 않는 것 같군. 마음에 안 들어. 해고해야겠어!'라고 생각한다고 한들 두려워할 필요가 없다. 지금껏 나는 내가 가끔 휴식을 취한다는 사실을 인정하면 일이 제대로 굴러가지 않는다고 진심으로 믿어왔지만, 여기에서 햇볕을 맘껏 쐬고 있어도 매물이 없어지는 일 같은 건 일어나지 않는다. 주말 동안 쉬는 게 어때서? 나는 그에게 답장을 보냈다.

"넵, 아내와 함께 잠시 여행 중입니다. 즐거운 시간을 보내고 있네요. 주말 잘 보내세요!"

'보내기' 버튼을 누를 때까지 침을 몇 번이나 삼켜야 했다. 상대가 메시지를 보낼 때 보이는 말풍선이 바로 나타났다. 말풍선이다! 겨우 말풍선 따위에 심장이 두근거리다니. 당장 일어나서 바다로 뛰어가 찬물에 푹 잠기고 싶었다. 그에게 온 답장은 다음과 같았다.

"정말 좋아 보여요! 열심히 일하셨으니 떠나실 만하죠!"

나는 몇 년간 최고의 자리를 지켰다. 물론 나는 세계 최고의 부동산 중개인이니까! 하지만 우리 모두 최악의 순간이 우리를 위협할 때 일과 관련된 트라우마에 사로잡히곤 한다. 누군가가 별 뜻 없이 한 말에 상처받아 10년 넘게 괴로워할 수도 있다. "소질이 있지는 않네"라는 말이 "너는 가치가 없어"라는 말로 들리고, 몇 번이고 곱씹으면서 괴로움에 빠진다. 어쩌다가 자존감을 건드리는 말을 들은 순간은 직장에서 수없이 받았던 칭찬의 말들보다 쉽게 기억에 남는다. 해변에서의 짧고 끔찍했던 순간을 경험한 뒤 나는 이런 일이 생길 때마다 겁에 질리지 않기 위해 트라우마를 분석하려고 노력해왔다.

일과 관련된 공포에 휩싸일 때면 자신에게 물어보길 바란다. 이 두려움이 진짜일까? 진짜라면 두려움에 맞서자. 고쳐야 할 부분은 고치고 계속 앞으로 나아가면 된다. 두려움이 가짜는 아닐까? 혹시 직장에서 경험한 적 있는 힘든 순간 또는 비슷한 상황과 감정을 마주했을 뿐인데 지레 겁을 먹은 것은 아닌지 생각해보자.

나는 몇 년 전 결혼식을 마치고 섬에서 신혼여행을 즐기던 중에 해고를 당한 적이 있다. 기가 막히지 않은가? 그런 과거를 생각하면 내가 이번에 그토록 겁을 먹은 것도 놀랄 일은 아니다. 개발업자에게서 온 "휴가를 보내고 계시나 보네요"라는 짧은 문자 메시지가 마치 "일을 왜 그따위로 하세요? 댁을 믿었다는 게 정말 후회스럽네요. 한가하게 휴가나 즐기고 있다니 해파리한테 쏘여버렸으면 좋겠네요"라는 메시지로 읽혔다.

그 후 나는 '내가 받아들인 상황이 실제로 존재하는 것일까?'라고 자문하며 트라우마를 살펴봤다. 그 문자 메시지가 나의 직업의식을 공격한다고 받아들였을지라도 메시지에 담긴 의미가 실제로 그런지는 장담할 수 없다. 단지 나쁜 경험에서 비롯된 트라우마에 휩싸였을 뿐이다. 트라우마를 다스리는 방법을 찾아야 한다. 과거가 현재를 잡아먹도록 내버려 둘 작정이 아니라면 말이다. 거의 매일 깊은 트라우마에 시달리는 사람도 있을 것이다. 당신과 함께 일하는 직원이 그 트라우마의 원인일지도 모른다. 트라우마를 불러내는 원인을 찾아보자.

이제 나는 설사 고객과 매물을 관리해주는 팀이 없더라도 내가 주말 동안 휴식을 즐길 자격이 충분하다는 사실을 깨달았다. 내 시간을 관리할 수 있는 사람은 바로 나뿐이다. 그리고 내가 모든 사람을 기쁘게 할 수는 없다는 사실 또한 매일 되새긴다. 하루도 쉬지 않고 일하면서 끊임없이 발전하고, 언제나 좋은 결과를 내고, 아이를 키울 시간까지 바쳐 일해도 당신에게 만족하지 못하는 사람은 항상 있기 마련이다. 누군가의 반응과 관련 있는 트라우마가 당신의 일상을 바꾸고 있다면 해결책은 간단하다. "너나 잘하세요!"라고 (마음속으로) 외치는 것이다.

여기서 '너나 잘하세요'는 '그만 닥치세요'와 같은 의미다. 어느 순간 트라우마가 찾아왔을 때, 이 한마디로 아주 손쉽게 문제를 해결할 수 있다. 트라우마는 되도록 빨리 놓아주어야 한다. 부정적인 감정을 뒤로한 채 홀가분하게 떠나는 방법을 배우자. 만약 트라우마가 상황과 관련 있는 것이라면 '될 대로 돼라'라고 해보자. '너나 잘하세요'나 '될 대로 돼라'는 생각을 치유하는 메커니즘이다. 잘 기억해뒀다가 한 번씩 써먹자.

직장에서 트라우마의 원인 찾기

직장과 관련된 트라우마의 원인은 여러 가지일 수 있고, 해결하기가 무척 힘들다. 손바닥에서 땀이 나고, 배가 살살 아프고, 입이 바싹 마르고, 심하게는 자신의 능력을 의심하게 되기도 한다. 직장에서 트라우마의 원인을 찾아보자. 문제를 객관적으로 볼 수 있다면 '트라우마'라는 괴물 같은 존재가 머릿속에서 꿈틀거리며 고개를 들려고 할 때 싹을 잘라내기가 훨씬 수월하다.

다음에 제시된 목록은 문제에서 도망치거나 물러나고 싶어지게 하는 일반적인 트라우마의 원인이다. 자신과 관련 있다고 생각하는 항목이 있다면 그런 기억을 머릿속에서 어떻게 없앨 수 있을지 고민해보자.

- 해고당함
- 승진 대상에서 제외됨
- 원하던 자리를 동료가 차지함
- 회의에서 낸 아이디어에 동의하는 사람이 없거나, 비난받거나 거절당함
- 못된 상사
- 진상 고객
- 마감 시한을 못 지키거나 프로젝트를 망침
- 일과 후 회식에 초대받지 못함
- 실수하기 쉽지만 오해를 사기도 쉬운 심각한 오타(일테면 '과장님'을 '고자아님'으로 쓰는 경우) 또는 회사를 욕하는 메시지를 회사 단체 메시지 방에 보냄

■ 세 번째 아마추어적 습성: 약점에 발목 잡히기

20대 때 나는 피부 질환으로 고생했고, 피부는 내 자존감을 깎아 먹는 주원인이었다. 여드름성 피부인 것만 해도 골치가 아픈데, 주로 중년 여성들의 고민거리인 안면홍조까지 있어서 내 얼굴은 언제나 딸기처럼 새빨갛게 물들어 있었다. 학창 시절에는 붉은 기를 가라앉히려고 얼굴에 얼음팩 마스크를 올린 채 자곤 했다. 연기 생활을 할 때도 피부 질환 때문에 늘 툴툴거렸다. 여드름 많고 붉은 얼굴을 가진 연기자에게 어울리는 역할이 과연 있을까? 나이 든 화상 환자? 오페라의 유령?

피부 문제 때문에 내 자신감은 언제나 바닥이었고, 좋은 피부를 가질 수만 있다면 무슨 짓이든 하기로 했다. 한때 나와 같은 질환으로 고생한 적이 있다는 피부과 전문의를 찾아 연락했다. 나는 그가 하라는 대로 했다. 피부 질환이 생기게 할 수 있는 카페인이나 설탕, 사과 같은 것들을 모두 피했고, 여드름 치료제인 아큐탄도 저용량으로 몇 년간 복용했다. 얼굴의 혈관을 줄이고 각질을 벗겨내서 며칠 동안 쭈글이 괴물처럼 보이게 하는 비싼 레이저 치료를 받기 위해 공사장 일용직 일꾼으로 일하기도 했다. 피부 질환을 완전히 고칠 때까지 나는 사람들의 눈을 똑바로 보지 못했다. 사람들과 이야기할 때는 얼굴의 붉은 기를 의식하느라 항상 땅만 쳐다봤다. 시행착오를 여러 번 겪고 난 후 피부가 깨끗하게 보이도록 도와주는 시술 방법과 약 복용량을 찾을 수 있었다. 소원을 이룬 셈이다. 아직도 나는 피부 질환을 치료하기로 했던 결정에 매일 감사한다. 체중을 조절하고 피부 질환을 치료한 이후 삶이 달라졌고, 나의 의지로 내가 원한 것보다 훨씬 많은 것을 이뤄낼 수 있다는 사실을 깨닫는 계기가 됐다.

성공하려면 피부가 좋아야 한다고 주장하려고 이 이야기를 꺼낸 것은 아니다. 피부와 성공이 무슨 상관이 있겠는가. 하지만 무언가가 내 영혼을 갉아먹고 잠재력을 발휘할 수 없게 한다면 상황을 바꿀 방법을 생각해봐야 한다. 즉, 심리적 구속에서 벗어나야 한다.

그런가 하면 우리가 평생 안고 살아야 할, 자신만의 특색에 가까운 약점들도 있다. 지금 당장 친구에게 "최근에 〈밀리언 달러 리스팅-뉴욕 편〉에 출연했던 사람이 쓴 책을 읽기 시작했어"라고 말해보라. 친구는 아마 "뭐? 누구?"라고 되물을 것이다. 당신이 "회색 머리에 웃기는 사람 있잖아"라고 답하리라는 데 내 손가락 하나를 걸겠다. 그제야 당신의 친구는 "아, 그 사람!"이라고 맞장구칠 것이다.

열여섯 살의 나는 저주받은 회색 머리를 하고 학교에 다녀야 했다. 회색 머리는 곧 별명이 됐고 나는 염색을 하느라 엄청난 시간과 돈을 쏟아부었다. 내 또래 중에서 머리가 완전히 센 것처럼 회색인 아이는 나뿐이었기에 나는 아이들 사이에서 항상 띌 수밖에 없었다. 특색은 남들과는 달리 보이게 한다. 다시 말해 흥미롭고, 주의를 끌며, 매력적이거나 섹시해 보이게 한다. 당신은 동의하지 않을지도 모르지만 말이다.

인생이 복잡하기는 하지만, 때로는 인생보다 우리 스스로가 자신을 더 힘들게 한다. 적어도 나는 그랬다. 피부와 머리카락, 체중, 월세, 걱정거리, 실패에 대한 두려움 때문에 몇 년을 어깨에 무거운 짐을 진 것처럼 살았다. 마치 다리에 모래주머니를 찬 것 같은 기분으로 오디션을 치르고, 면접에 가고, 고객을 만나러 다녔다. 그러니 당연히 기운이 빠질 수밖에 없었다. 나는 언제나 우울했고, 지쳐 있었다. 그런 에너지는 과거에 남겨둬야 한다. 새롭게 시작하기로 마음먹고 짐을 내려놓자 기분이 날아갈 것 같았다. 우리가 지고 있는 짐은 생각보다 더 무겁게 우리를 짓누른다. 털어내야 한다. 더 가볍고 자유로워진 당신이 인생을 완전히 손아귀에 쥐었을 때 무슨 일이 일어나는지 지켜보자.

약점을 극복하는 방법

드라마 〈애즈 더 월드 턴즈As the World Turns〉에서 에반 월시 박사 역할을 연기할 때 감독에게 이런 말을 들은 적이 있다. "피부는 왜 그렇게 창백하며 머리 색은 또 왜 그렇게 어두운가? 꼭 뱀파이어처럼 보여. 이제 됐네, 가서 촬영 준비하게."
무슨 말씀이세요? 몇 년 동안 공들여 머리 염색도 했고, 근사하게 보이기 위해 피부에 들인 시간과 돈이 얼만데요!
내 외모가 항상 지금 같았던 것은 아니다. 나는 회색 머리를 받아들이기 위해 큰 결심을 해야 했다. 회색 머리가 약점이 아닌 특색이라고 생각하기까지 매우 오랜 시간이 걸렸다. 사실

나 말고는 내 머리 색에 관심 있는 사람이 없었는데도 말이다. 약점이 없는 사람은 없다. 약점을 받아들여라. 약점을 탓하느라 낭비하던 에너지를 더 나은 삶을 살기 위해 사용하면 인생은 훨씬 살 만해진다. 그러니 당신 자신과 약속하자. 휴대전화를 내려놓고 제발 지금 당장 실천하길 바란다. 스스로 약점을 받아들이겠다고 다짐하자. 사무실에서 키가 가장 작으면 뭐 어떤가? 농구를 할 것도 아니고 말이다. 자신과의 약속을 진지하게 만들고 싶다면 다음 서약을 활용해보자.

나 (이름   )은/는 (약점   )을/를 받아들이기로 한다. 오늘부터 이 약점 때문에 내 인생의 어떤 측면이 힘들어졌다고 불평하거나 비난하지 않을 것이며, 약점에 사로잡혀 소중한 시간을 낭비하지 않겠다고 다짐한다. 오늘부터 나는 (약점   )을/를 있는 그대로, 나라는 사람을 구성하는 특색으로 인정하고 절대 불만을 표출하지 않기로 한다.

서명 _____

날짜 _____

첫 번째 주문

자신의 가능성을 조금이라도 의심한다면 더 나은 사람이 되기 위해 노력하기 힘들어진다. 이 주문은 자신에 대한 의심을 모두 떨쳐버리도록 도와준다. 당신은 성공할 잠재력을 이미 충분히 갖추고 있다.

나는 용기 있는 사람이다.
나는 대담한 사람이다.
나는 나를 통제할 줄 아는 사람이다.
나는 성공의 기운이 충만한 사람이다.

■ 더 나은 삶을 위해서

지금까지 당신은 더 행복하고 나은 삶을 살아야겠다고 마음 먹는 데 집중했다. 나는 당신이 반드시 그런 삶을 살게 되길 바란다. 그럴 만한 힘이 당신 내면에 있다는 사실을 기억해라. 이제 당신은 인생을 통제할 수 있다. 누구나 처음에는 삶을 원하는 대로 이끌지만, 살다 보면 통제력을 잃거나 짓밟히거나 잊어버린다. 더 풍요롭게 살고 싶다면 우선 자신의 인생을 뜻대로 움직일 힘을 되찾고, 자신이 어떤 사람이 되고 싶은지 명확하게 알아야 한다. 세상에 보이고 싶은 성공을 상상하자. 꿈을 키우자. 지금 당신은 정말 원하는 인생을 살고 있는가?

| 1단계 | **자신을 넘어서자**

- 남 탓은 하지 않는다.
- 트라우마를 극복한다.
- 약점에 발목 잡히지 않는다.

| 2단계 | **계획을 변경하자**

- 일이 생각대로 풀리지 않을 때, 상황을 손바닥 위에 놓고 조종할 수 있어야 한다. 당신에게는 결과를 바꿀 충분한 힘이 있다.

- 인생을 운에 맡기지 말자. 사람들에게 더 나은 모습을 보여줄 수 있도록 차근차근 계획대로 움직이자.
- 자의식의 힘을 이용하자. 살다 보면 때때로 이겨낼 수 없을 것 같은 고난이 닥치기도 한다. 그럴 때는 자신이 강인하고 자신감 넘치며 스스로 통제할 줄 아는 사람이라고 되뇌자.

| 3단계 | 설득의 세 단계를 완벽히 습득하자

- 내가 원하는 대로 사람들을 움직일 수 있도록 설득의 기술을 익히자.
- 상대방에게 내 생각을 받아들일 시간을 준다.
- 상대방의 주의를 끌 만한 해결책을 제시한다.
- 거절할 틈을 주지 않는다. '예' 또는 '아니요'로 답할 수 있는 질문을 하지 않는다.

| 4단계 | 강아지가 아닌 늑대가 되자

- 사람들은 아마추어가 아닌 프로와 함께 일하고 싶어 한다.

■ 성공의 기운을 쌓는 법

연기를 하던 시절에 역할을 준비할 때면 우선 믿을 만한 캐릭터부터 구축하곤 했다. 캐릭터가 어떻게 생겼을지, 어떤 옷을 입을지, 집을 어떻게 꾸며놨을지, 어떻게 걷고 말할지까지 모든 것을 생각했다. 당신도 같은 방법으로 더 나아진 자신의 삶을 그려본 다음, 현재 당신의 역할을 조정해보기 바란다.

내 얘기를 하자면, 값싼 매물만 거래하던 나를 내쫓고 더 대담하고 위엄 있는 나로 그 자리를 채웠다. 인생 전체를 위한 계획인 만큼 더 넓게 생각했으면 좋겠다. 남들에게 어떤 사람으로 비치고 싶은지 생각해보자. 어떤 모습이 되고 싶은가? 걸음걸이는 어떨까? 당신이라는 존재에 대한 다른 사람들의 반응은 어떨까? 시간을 들여 자신이 모임에 등장하는 장면을 상상해보자. 머릿속에 그려지는가? 좋다. 내일 아침 잠에서 깨면, 그런 사람이 되는 것을 머릿속으로만 상상하지 말고 진짜 그런 모습이 되어보자.

그 사람은 어떤 모습인가? 아래에 적어보자.

_____

_____

_____

_____

_____

■ 앞으로 가야 할 길

〈밀리언 달러 리스팅〉과의 만남을 온전히 운에만 맡겼다면 지금의 나는 없었을 것이다. 방송국 사람들은 아마 값싼 매물만 거래하는 나를 보게 됐을 것이고, 우리 어머니를 제외하고 그런 사람을 TV에서 보고 싶어 하는 시청자는 없을 것이다. 방송국 사람들이 나를 촬영하던 날, 나는 그날의 흐름을 바꿀 힘이 나에게 있다는 사실을 깨닫고 그들을 등진 채 떠났다. 성공으로 향하기 위해 어떻게 행동할지 결정하는 것은 온전히 나 자신의 몫이다.

체육관으로 가서 체력을 기를 수도 있고, 아니면 잠옷 차림으로 커다란 와플을 먹으며 탄수화물 중독에 빠질 수도 있다. 우리는 우리 인생의 감독이다. 당신이 만드는 영화의 주인공이 자기 사업을 시작하고 싶어 하면서도 회사를 떠나지 못하고 '그때 회사를 차렸어야 했는데!'라고 몇십 년째 생각만 하는 우중충하고 침울한 사람이길 바라는가? 나는 그런 후회는 하고 싶지 않다. 당신도 나와 같기를 바란다. 만약 당신이 '내가 회사를 그만둘 수만 있다면', '다른 일을 할 수만 있다면', '다시 공부를 시작할 수만 있다면', '내 사업을 시작할 수만 있다면'이라고 말하는 사람이라면 실제로 그런 사람이 되지 못한 이유가 무엇인지 생각해보자. 그리고 도전의 첫걸음을 내딛도록 어떻게 자신을 밀어붙일 수 있을지를 나만의 노트에 적어보자.

Part 2

머니 MONEY

돈이 전부는 아닐지 모르지만, 인생에서 상당히 중요한 부분을 차지한다는 사실은 누구나 안다. 살아가는 데에는 돈이 많이 든다. 기본적으로 돈은 생존과 자유를 보장한다. 하지만 기본만 간신히 누리며 살고 싶지는 않을 것이다. 우리는 열심히 일해 더 나은 삶을 살길 원하고, 그런 삶에 따라오는 부수적인 이득을 모두 누리고 싶어 한다. 돈이 많아진다는 것은 당신이 원하는 삶을 살 수 있다는 뜻이다.

BIG MONEY ENERGY

4. 더 많이 버는 사람들

준 셴 부인과 수천만 달러짜리 거래를 성사시킨 후, 나는 내가 뭐라도 된 것 같은 착각에 빠졌다. 그래서 상업용 부동산 쪽에서 일하는 친구 매트에게 맨해튼과 남미에 건물 여러 채를 소유하고 있는 거물급 부동산 개발업자 고든 머리 씨와 만나게 해달라고 부탁했다. 딱 한 번 큰 거래를 성사시켰을 뿐이지만 내가 그에게 도움을 줄 수 있을 것 같았다. "어퍼웨스트사이드에 있는 건물 정도는 거뜬히 거래할 수 있습니다!"라고 포부를 밝힐 작정이었다. 알다시피, 어퍼웨스트사이드는 뉴욕에서 가장 부유한 지역 가운데 하나이지만 말이다.

얼마 후 약속이 잡혔고, 타임스 스퀘어에 있는 고든 머리 씨의 사무실로 갔다. 이번 만남으로 잡게 될 엄청난 기회를 생각하며 떨리는 마음으로 매우 비싸 보이는 의자에 앉았다. 그렇게 잠시 진정하고 있는 사이 고든 씨가 나를 만날 준비가 됐다고 비서가 와서 알려주었다. 나는 숨을 한 번 크게 쉰 다음 자신에게 속삭였다. '너는 아주 유능한 사람이야.'

고든 씨의 사무실에 들어가서 그의 손을 덥석 잡고 악수를 했고, 그는 내게 앉으라는 뜻으로 맞은편에 있는 의자를 가리켰다. 그는 탁탁 소리가 나도록 펜으로 노트를 두드리기 시작했다. "허드슨 야드 계획(뉴욕 맨해튼 미드타운에 조성되고 있는 재개발 복합단지 사업-옮긴이)에 대해 어떻게 생각하나? 현재 소비시장 상황을 참고할 때 릴레이티드사에서 잘 해낼 수 있으리라고 보나?"

나는 얼굴이 점점 붉어지는 것을 느꼈다. 무슨 말을 하는지 하나도 이해하지 못했지만 "굉장히 좋은 생각 같습니다. 릴레이티드에서 잘 해낼 것 같군요"라고 얼버무렸다. 그가 노트와 펜을 옆으로 치웠다. "HFZ의 344 웨스트 72번가 전환 계획은 어떻게 생각하나? 허드슨 스퀘어와 고와너스 지역의 토지 용도 변경에 대해서는? 앞으로 5년에서 10년 동안 로비스트의 노력이 주거 지역 환경에 어떤 영향을 미치리라 생각하는가?"

제기랄! 나는 여전히 무슨 말을 해야 할지 몰랐고, 결국 딱 한 번 성사시킨 큰 거래인 준 셴 부인과의 거래 일화를 열정적으로 떠벌리기 시작했다. 그의 질문에 제대로 답하지 못했다는 사실과 인터뷰를 제대로 준비하지 못한 탓에 할 말이 없어 내 이야기밖에 할 수 없다는 생각이 머릿속에서 떠나지 않았다. 그날을 돌이켜 생각할 때마다 아직도 속이 울렁거린다. 고든 씨는 손목시계를 봤다. "좋네. 내가 다른 약속이 있어서 그만. 어쨌든 반가

웠네."

고든 씨가 무례한 말투로 제대로 된 거래 경험이 딱 한 번뿐인 내게 관심이 없다는 것을 노골적으로 표현했는데도, 자리를 뜨면서 어쩐지 내가 잘 해낸 것 같은 기분이 들었다. 무슨 자신감이었는지 모르겠지만, 사무실로 돌아가면서 새롭게 만난 거물급 부동산 개발업자 덕분에 엄청난 수수료가 들어온 은행 계좌를 흐뭇하게 바라보는 내 모습을 상상했다.

며칠 뒤 나는 만남을 주선해준 친구 매트에게 물었다. "고든 씨가 뭐라고 했는지 말 좀 해줘." 나는 그의 의견을 듣고 싶어서 안달이 나 있었다. 매트는 입을 떼기 전 잠시 어색하게 머뭇거렸다. "미안하게 됐어. 네가 착해 보이기는 한데 갈 길이 멀다고 하더라."

분명히 잘 해냈다고 생각했는데, 실제로는 그렇지 않았다는 것인가? 나는 내가 우주 최고의 부동산 중개인이라도 되는 양 고든 씨의 사무실로 갔었다. 그런데 결과가 이 모양이라니! 영혼이 산산이 조각나는 기분이었다. 갈 길이 멀었다? 맙소사, 앞으로 5년, 10년을 계속 값싼 매물만 거래하며 살아야 한다니 상상도 하기 싫었다. 아마추어처럼 굴어서는 절대 큰 프로젝트에 참여해서 수백만 달러를 벌 수 없었다. 그와의 만남은 고작 15분 남짓이었고 그는 그 짧은 시간 동안 내가 아직 일에 서툴다는 것을 알아봤다. 뒤통수를 한 대 얻어맞은 것 같았다.

나는 전혀 준비되지 않은 상태로 고든 씨를 만나 내 이야기만 떠들고 말았다. 너무나 무례한 행동이었고, 큰일을 하기에는 준비가 덜 됐다는 것을 노골적으로 보여주는 모습이었다. 나는 어설픈 성공에 취해 있었고, 누구도 호감을 느낄 만한 사람은 아니었다.

—

어설픈 성공의 기운을 피하자

—

어설픈 성공의 기운을 뿜는 사람을 만나본 적이 당신도 한 번쯤은 있을 것이다. 이런 사람들은 항상 자기 자신에게 취해 있고, 자기중심적이며 허풍을 잘 떤다. 게다가 항상 이기적으로 행동해야 한다고 믿는다. 이런 사고방식은 성공의 기운과는 거리가 멀다. 스티브 잡스처럼 뛰어난 천재라면 다른 사람들이 함께하고 싶은 사람인지 아닌지는 그다지 중요한 문제가 아니겠지만, 그런 사람이 아니라면 안하무인으로 행동하면서 성공을 거머쥘 수는 없다. 돈을 많이 벌고 싶다면 사람들이 당신과 일하는 것을 좋아하게 만들어야만 한다.

〈밀리언 달러 리스팅-뉴욕 편〉에 캐스팅됐을 때 스물여섯 살이었던 나는 성공하기 위해서는 믿을 만하고, 친절하고, 호감 가는 사람이 되어야 한다는 진리를 몰랐었다. 부모님께서는 나에게 예절을 가르치고 언제나 공손하게 굴라고 누누이 말씀하셨지만, 당시 나는 수백만 명이 시청하는 TV 쇼에 출연하는 중이었고, 미치광이처럼 시끄럽고 겁이 없는 척해야 관심을 끌 수 있었다(솔직히 내가 봐도 정말 무례했다).

어느 날 아침 지하철을 아슬아슬하게 잡아탔는데 어떤 여자가 말을 걸었다. "저기요, 혹시 TV에 나온 그 사람 아니에요?" 바쁜 아침이라 정신이 없었지만, 한 해 내내 TV에 출연했는데도 아무도 알은체를 하는 사람이 없던 터라 걸음이 저절로 멈춰졌다. 뒤를 돌아보며 "네, 맞습니다"라고 하자, 여자는 마치 내가 자기 여동생을 납치하거나 자기 집에 불을 지르기라도 한 것 같은 표정으로 나를 쏘아봤다. 그녀의 눈에서 역겨워 죽겠다는 듯한 눈빛이 레이저처럼 뿜어져 나왔고, 그녀는 이렇게 외쳤다. "당신 정말 나쁜 놈이야!"

당시에는 그 말이 너무 아프게 들렸다. 하지만 이제는 그녀가 왜 그런 말을 했는지 안다. 실제로 내가 그렇게까지 나쁜 놈은 아니었지만, 프로그램 초기의 내 모습만 놓고 보자면 생일 파티에 초대하고 싶은 사람은 아니었다. 좀 더 정확히 말하자면 파티에서 만나 몇 마디를 나누다가도 얼굴에 음료를 쏟아붓고 싶어질 만한 사람이었다. 당신이 어떤 사람인지 솔직한 의견을 듣고 싶으면 TV에 출연해서 전 세계 수백만 명에게 평가를 받아보라. 그 수백만 명이 내게 전해준 메시지는 간단했다. 나는 어설픈 성공의 기운을 풍기는 사람이었다.

리얼리티 쇼 출연자가 되면 엄청나게 성능이 좋은 현미경 아래의 미생물이 된 것 같다는 생각이 든다. 불평하려는 것은 절대 아니다. 나 역시 TV 쇼에 출연하면서 정말 재미있게 촬영했고 커리어에도 큰 도움이 됐다. 하지만 1년 내내 극적인 순간이 이어지고, 그런 모습이 전 세계로 방송된다고 생각해보라. 요리를 태워 먹어서 화를 낼 때, 중요한 회의를 앞두고 셔츠에 커피를 쏟는 바람에 길바닥에서 욕을 퍼부을 때, 데이트하며 술을 한잔하다 약간 취기가 올랐을 때와 같은 상황이 모두 방송된다면? 그런 장면들이 당신의 실제 삶인 것처럼 비치면, 사람들은 당신을 미친놈이라고 생각할 것이다. 방송에서 내 삶을 보여주는 데 동의했고(그리고 미친놈처럼 TV에 나왔고), 모르는 사람에게 나쁜 놈이라는 소리를 들을 마음의 준비도 돼 있었다.

실제로 지하철에서 그 일이 있고 난 후 사람들이 나를 알아보는 횟수가 잦아졌고, 그러다 보니 길거리에 있는 사람들이 전부 나를 알아보는 것 같다는 생각이 들었다. 정확히 몇 명이나 그 프로그램을 시청했는지는 알 수 없었지만 정말 이상한 기분이었다. 사람들 중 반은 나를 좋아하고, 반은 나를 싫어하는 것 같았다. 길 가던 사람이 나에게 "당신, 그 라이언 맞죠?"라고 묻곤 했는데, 그들이 말하는 라이언과 내가 같은 사람이라고 할 수는 없었다. 하지만 그렇게 물어보는 사람들 덕분에 내가 남들에게 어떻게 보일지 고민하게 됐다. 나는 진정 이런 모습으로 비치고 싶은 걸까? 리얼리티 쇼 출연자로서 미움받을 수는 있지만, 실제 삶에서 미움을 받는 것은 차원이 다른 이야기였다.

〈밀리언 달러 리스팅-뉴욕 편〉에 출연하기 시작할 때, 사람들에게 사랑받겠다는 욕심은 없었다. 나는 자신감 넘치는 성공한 부동산 중개인으로 보이고 싶었다. 그 두 가지가 연관성이 있다고는 생각하지 못했다. 하지만 사람들이 나를 싫어하는데 어떻게 돈을 많이 벌 수 있겠는가. 나쁜 놈에게 집을 팔아달라고 하거나 아이들을 키울 새 보금자리를 찾아달라고 할 사람은 없을 것이다. 우주 최고의 부동산 중개인이 되어 수백만 달러를 벌고 싶으면 내 모습이 사람들에게 어떻게 보일지를 좀 더 생각했어야 했다. 만화 캐릭터처럼 지나치게 과장되게 행동하며 데이트했던 여자 이름도 잊어버리는, 동료가 새 매물로 나온 저택에서 고객들을 모아놓고 설명회를 하는 동안 윗도리를 벗어 던지고 수영장에 뛰어드는 나쁜 놈이 아니라 진짜 내 모습을 보여줬어야 했다.

▪ 서투른 성공의 기운을 점검해보자

천재들을 포함하여 몇몇 예외가 있긴 하지만, 자기 자신을 잘 모르는 상태에서 크게 성공하기는 어렵다. 회사를 세우고 직원을 고용하는 입장이 된 후 발견한 사실이 있다. 우선, 과한 친절을 베풀거나 경치 좋은 곳에 있는 별장으로 초대하겠다는 빈말을 해야 고객을 모으고 비싼 매물을 맡을 수 있다고 잘못 생각하는 구직자들이 있다. 하지만 그런 태도는 가식으로 보일뿐더러 듣는 사람 역시 가식적인 행동임을 쉽게 알아차린다.

　일자리를 얻기 위해 용기를 내서 면접을 보러 와놓고는 우울한 얼굴로 의자 깊숙이 몸을 묻는 사람들도 있다. 나는 당장이라도 눈물을 흘릴 것처럼 보이는 그런 사람들은 절대 고용할 생각이 없다. 눈물 닦을 티슈를 찾느라 중요한 일에 집중하지 못

할 게 뻔하기 때문이다.

그런가 하면 눈을 못 맞추는 사람들도 있다. 이런 사람들은 내 왼쪽 어깨 위 허공을 응시하곤 한다. 대체 무엇을 보고 있는지 알 수 없는 노릇이다. 내 뒤에 귀신이라도 있는 걸까?

들릴 듯 말 듯한 소리로 대답하는 사람들도 있고, 목청껏 떠드는 사람도 있다. 악수할 때 손아귀에 힘이 전혀 느껴지지 않는 사람이 있는가 하면 손을 부술 것처럼 힘을 주는 사람도 있다(어설픈 성공의 기운을 풍기는 자들이여, 특히 주의하자).

우리 팀에 재능 많고 명석한 팀원이 있었는데, 그는 다른 팀원들이 자기를 오만하고 도움이 안 되는 사람이라고 생각한다는 사실을 몰랐다. 그런 평판 때문에 그는 경력을 쌓고 수입을 늘리는 데 애를 먹었다.

성공하고 싶다면 다른 사람이 자신을 어떻게 보고 있는지 알아야 한다. 수백만 명이 보는 TV 프로그램에 출연하기 전까지 나는 나 자신을 잘 안다고 생각했지만, 완전한 착각이었다. 지금부터 당신에게 굉장히 중요한 이야기를 하려고 하니 집중해주길 바란다. 인생에서 자신이 원하는 것을 얻지 못하고 있거나 기대하는 만큼의 돈을 벌지 못하고 있다면, 자신도 모르게 하는 행동 때문일 수 있다.

마음이 아플 정도로 솔직한 피드백을 주변 사람에게 부탁해라.
잠깐 마음이 아픈 대신 장기적으로 성장하는 데
도움이 되는 피드백에 감사해라.

자신이 호감 가는 사람인지 아닌지 파악하려면 비판을 받아들일 줄 알아야 한다. 비판은 당신의 가장 좋은 친구다. TV에 출연하고 소셜 미디어에서 얼굴이 알려지면서 끊임없는 비판에 시달려온 나는 '마음껏 때려라!'라고 생각한다. 내가 만약 사람들이 싫어할 만한 일을 하거나, 누군가의 기분을 상하게 하거나, 실언을 하거나 짜증 나게 한다면 나의 어떤 행동이 문제인지 알아야 한다고 생각한다.

7월의 뜨거운 햇볕 아래 맨해튼 거리를 뛰어다니다가 사무실로 돌아왔을 때 누군가가 나에게 냄새가 난다고 말한다면, "너무 야박하게 구는 거 아냐?"가 아니라 "이런, 이렇게 냄새가 날 줄 몰랐네. 이 상태로 중요한 회의에 참석할 뻔했는데 알려줘서 고마워!"라고 말할 것이다. 진심으로 성공하고 싶다면 피드백이나 비판에 방어적이어서는 안 된다. 어설픈 성공의 기운을 발산하는 사람들은 보통 방어적인 반응을 보인다. 마음을 열고 받아들여 자신이 어느 방면에서 더 나아질 수 있을지 생각해봐야 한다. 비판을 귀 기울여 듣지 않으면 무엇을 개선해야 할지 알 수 없다.

고든 씨와의 만남이 실패한 후 친한 친구 중 매우 솔직한 친구에게 나를 평가해달라고 부탁했다. 내가 사람들에게 어떻게 보일까? 내가 등장할 때 사람들은 무엇을 볼까? 친구는 이렇게 이야기했다. "라이언, 너는 자세가 너무 나빠. 키가 큰 게 장점이라는 걸 전혀 모르는 것 같아. 구부정한 자세 때문에 항상 지루해하는 것처럼 보여." 내가 몰랐던 내 모습이다. 그는 말을 이어갔다. "그리고 말할 때 사람들 눈을 마주치지 않아. 땅만 보고 이야기하잖아. 왜 그러는 거야? 진짜 어색하다니까." 나는 천천히 허리를 폈고, 그러고 나니 한 15센티미터쯤 커진 기분이었다. 자세가 구부정한지, 말할 때 사람들 눈을 못 맞추는지를 나는 까맣게 몰랐었다. 의욕 없어 보이고, 자세도 구부정한 데다 눈도 마주칠 줄 모르는 사람이 돈을 엄청나게 벌 기회를 제공할 거물급 개발업자와 일할 기회를 얻을 수는 없었다. 지금까지 내가 건물을 기가 막히게 팔아서 돈방석에 앉게 할 것 같은 인상을 주기는커녕 지루해서 집에 가고 싶어 하는 것처럼 보였다니 어처구니가 없었다.

솔직한 평가를 받으면 자신의 어떤 버릇을 고쳐야 하는지 알 수 있어 좋다. 믿을 만한 사람 몇 명에게 당신의 가장 좋은 점과 나쁜 점이 무엇인지 물어보라. 용기를 내라. 만약 먹는 모습이 게걸스럽다면? 쩝쩝 소리를 내며 먹는다면? 비즈니스 파트너와 점심을 함께하기 전에 당신의 나쁜 식사 습관을 알고 싶지 않은가? "있잖아, 그 쩝쩝거리며 먹는 개"라고 불리고 싶지는 않을 것이다. 이런 습관을 고치고 나면 큰 변화를 만들 수 있으며, 무엇보다 사람들에게 비치는 자신의 모습을 엄청나게 개선할 수 있다.

솔직한 평가에서 얻은 피드백은 날것 그대로의 자신을 더 풍족하고 매력적인 모습으로 바꾸기 위해 무엇을 해야 할지 방향을 제시해준다. 나는 특히 직장에서 받는 비판이나 피드백을 좋아한다. 어떻게 하면 돈을 더 많이 벌 수 있을지 고객들이 귀띔해주는 것이니 싫어할 이유가 없다. 더 나아지려면 어떻게 해야 할지 더 지적해달라고 보채고 싶을 정도다.

성공의 기운이 넘치는 사람들은 자신이 받는 모든 피드백에 집중하는데, 피드백은 보통 두 개의 카테고리로 나뉜다. 첫째, 자세를 고쳐 앉아 귀를 기울여야 할 타당한 지적이다. 고객이 우리 회사에 대해 타당한 지적을 할 때면 우리는 무엇을 고치고 일하는 방식을 어떻게 바꿔야 할지 고민한다. 혹시 당신은 고객이 부탁한 일을 깜빡 잊고 하지 않거나, 준비되지 않은 상태로 회의에 참석하거나, 매물을 너무 과장해서 설명하는가? 또는 다른 사람들을 우울하게 만들면 기분이 나아지는 것 같아 사무실 사람들에게 부정적인 에너지를 전파하는가? 이런 습관은 큰 문제로 이어질 수 있고, 이런 습관이 있는 사람을 고용하고 싶어 하는 고용주는 없다. 결국, 수입이 쥐꼬리만 한 일만 하며 살게 된다는 뜻이다.

둘째, 타당성이 떨어지는 지적이다. 이런 의견은 무시할 준비도 해야 한다. "웹사이트의 이 글자들이 주황색이면 더 좋을 것 같아요" 같은 의견도 있고, "진짜 성공하고 싶으면 파나마에서 사업을 하세요"라든가 "발 모양이 이상하네요, 수술로 고치세요" 같은 의견도 있다. 이런 의견들은 그다지 중요하지 않은 것들이다. 극도로 주관적이어서 우리가 발전하는 데 크게 영향을 끼치지 않을 뿐 아니라 때로는 어쩔 수 없는 일도 있다. 발 모양이 그렇게 타고난 걸 어쩌겠는가. 과연 고칠 방법이 있긴 할까? 내 발 모양이 싫으면 안 보면 그만인 것을.

■ 여섯 번째 코드 ■

도움 안 되는 소음은 신경 쓰지 마라.

젖지 않으면 비를 원망할 이유가 없다.

■ 보고, 듣고, 기억하기

카리스마를 뿜어낼 수 있는 마법의 약이 있다면 나는 기꺼이 먹을 것이다. 날마다 챙겨 먹을 수도 있다. 운이 좋은 사람들은 가만히 있어도 카리스마를 뿜어내지만, 안타깝게도 나 같은 사람들은 그러지 못한다. 카리스마가 느껴지는 사람이라고 하면 배우 톰 행크스, 농구 선수 르브론 제임스, 그리고 티베트의 영적 지도자 달라이 라마가 떠오른다. 카리스마란 한 차원 높은 단계의 매력을 말한다. 카리스마가 느껴지는 사람들은 다른 사람들을 자신에게 집중하게 하는 능력이 있다. 다시 말해 영향력이 있다는 뜻이다.

만약 고객이 당신을 진심으로 아낀다면, 당신에게 떨어지는 콩고물이 더 많아지지 않을까? 카리스마 있는 사람들은 자기 생

093

각을 전달해 현실로 만들 수 있고, 유능한 사람들을 모아 필요할 때 일을 맡길 수 있으며, 팀원들이 최선을 다해 일해서 최고의 결과를 낼 수 있도록 영향을 준다. 이런 영향력을 미칠 수 있는 사람들은 어떻게든 성공을 거머쥐고 큰돈을 만지게 된다.

다행히도 어른들의 세계에서는 인기를 얻거나 호감을 주기위해 풋볼팀 주장이 되거나 치어리더 단장이 될 필요는 없다. 호감을 주는 일반적인 방법을 모두 사용하면 된다. 더 많이 웃고, 이야기를 잘 들어주자. 휴대전화에서 제발 눈을 떼자. 다른사람들과 그들의 삶에 호기심을 가지고 다가가서 긍정적인 에너지를 주자. 말썽을 피우는 반려동물에 대한 푸념이나 헤어진걸 천만다행으로 여기는 전 여자친구에 관한 이야기만 반복하는 사람과 대화하고 싶어 하는 이는 아무도 없다.

브래드 피트나 샤를리즈 테론과 같은 외모를 갖춘 사람이 아니라면 방금 이야기한 호감 주는 방법을 실천하면 도움이 된다. 지금 당장 호감을 주는 사람이 되어 원하는 것을 얻고자 한다면, 간단하면서 실천하기 쉬운 비법도 있다. 바로, 누구나 '눈에 띄고Seen + 전달력이 있고Heard + 기억에 남는Remembered' 사람이되고 싶어 한다는 점을 활용하는 것이다. 기억하고 적어두자. 문신으로 새겨도 좋다.

낯선 사람과 대화를 시작하는 건 누구에게나 쉬운 일이 아니고, 나도 그다지 소질이 있는 편은 아니다. 하지만 누구나 눈에 띄고 싶어 하며 전달력이 있으면서 기억에 남는 사람이 되고자한다는 것을 기억하면 도움이 된다. 상대방의 기분을 띄우는 데에도 효과가 있다.

예컨대 파티에서 혼자 서성이는 사람을 발견하면 그에게 다가가서 이렇게 말을 건넨다.

"안녕하세요, 저는 라이언이라고 합니다. 가방이 멋지네요! 뉴욕시에 사시나요?"(상대방은 자신이 눈에 띄었다고 생각하게 된다.)

"저는 데비예요. 뉴저지 위호켄에 살아요."

"아, 뉴저지도 정말 좋죠. 위호켄에 살면서 좋은 점은 무엇인가요?"(상대방은 자신의 의견을 전달할 기회를 얻는다.)

"마당을 가질 수 있어서 정말 좋아요. 저희 집 뒷마당에 벌집세 개가 있는데 그냥 놔두고 있어요. 뉴저지에서는 굳이 없애버리지 않아도 되거든요."

"벌집 세 개라니 엄청난데요! 거의 양봉을 하는 셈이군요!" (이제 상대방은 기억에 남을 만한 사람이 된다. 이렇게 대화를 이끌면 상대방을 기억하는 데 도움이 될 뿐만 아니라, 어쩌면 앞으로도 계속 알고 지내면서 그의 인맥 덕을 볼 날이 올지도 모른다.)

카리스마 보조제가 나올 때까지 나는 좋은 인연을 맺기 위해 사람들이 눈에 띄고 전달력이 있으면서 기억에 남는 사람이 되고 싶어 한다는 사실을 기억하고 활용할 것이다. 누군가와 대화를 시작하게 되거든 이 세 가지 요소를 꼭 기억하길 바란다. 사람을 얻을 수 있을 것이다.

뉴저지에 산다던 그녀에게 다시 연락할 때 '벌집은 잘 있는지' 물으면서 대화를 시작해볼 수 있다. 여왕벌에게 이름을 지어주었는지, 양봉꾼들이 입는 멋진 방충복은 있는지, 이웃들이 겁을 먹지는 않는지 등을 물어보면 된다. 벌에 대해 크게 관심이 없어도 상관없다. 대신 나는 집주인 데비와 그녀를 통해 얻을 수 있는 인맥에 관심이 있다. 그러니 나는 그녀가 흥미를 느끼고 답할 수 있는 질문을 할 것이고, 그녀는 자기 집 뒷마당에 벌집이 있다는 사실을 내가 기억하고 있다는 데 감동할 것이다.

우리는 모두 다른 사람들의 기억에 남고 싶어 한다. 데비에게 뉴욕시에 살 집이 필요한 자녀 셋이 있을 수도 있다. 그러면 내가 할 일이 생긴다. 파티에서 나눈 벌집에 대한 짧은 대화가 나에게 수입을 가져다주는 셈이다. 어쩌면 데비 부부나 그들의 친구가 임시 거주용 숙소를 구할 수도 있다. 다른 사람에게 호감을 줄 수 있다는 것은 엄청난 자산이다. 고객을 얻을 수 있고, 인맥이 거래로 이어져 결국 돈을 벌 수 있기 때문이다. 호감을 주는 사람이 되어 비즈니스를 키우고 은행 계좌를 불릴 수 있는가 하면, 돈을 아낄 수도 있다.

▪ 나를 위해 일하지 않는 사람을 내 편으로 만들기

돈을 많이 벌기 위해서는 자원을 적재적소에 사용할 수 있어야 한다. 중요하지 않다고 생각하기 쉬운 자원이 하나 있는데, 바로 '사람'이다.

성공은 혼자 이룰 수 없으며, 우리는 종종 중요한 문제를 해결해줄 수 있는 비서, 경리, 회계사와 같은 사람들에게 의존한다. 그들은 엄밀히 말해 우리를 위해 일하지는 않지만, 거래를 성사시키는 동안 뒤에서 묵묵히 중요한 임무를 수행하는 비밀 요원과 같다. 그들이 나를 위해 일하지는 않기 때문에 함께 일하는 개발업자의 비서에게 이래라저래라 할 권한이 내겐 없다. 하지만 매물에 가격 제안이 들어와서 개발 업체 담당자와 최대한 빨리 통화해야 할 때, 긴 부재중 전화 목록 마지막에 내 이름을 남기는 대신 바로 통화가 연결되길 바랄 것이다. 거래를 빨리 성사시킬수록 시간을 아끼고 돈을 더 벌 수 있으니까. 비밀 요원들을 내 편으로 만들어야 하는 이유가 여기에 있다. 그들이 당신을 좋아하면, 당신을 중요한 사람으로 여기고 호의를 베풀 것이다. 그래서 나는 이런 사람들이 얼마나 중요한지 잊지 않으며, 표현할 수 있을 때마다 감사의 표시를 한다.

역할이 크지는 않지만, 당신의 성공을 위해 꼭 필요한 일을 도와주는 사람들도 있다. 필요할 때 이들의 도움을 받을 수 있으려면 긍정적인 방향으로 인맥을 관리해야 한다. 사진 촬영에 꼭 필요한 물건을 기다리고 있는데 물건이 언제 도착할지 비서가 알려주지 않는다면 조치를 취하자. 점심을 대접한다든지, 생일에 컵케익과 함께 '항상 고마워요' 같은 문구가 적힌 카드를 건네는 것이다. 그녀는 온종일 전화 응대를 비롯한 여러 업무를 처리한다. 그녀의 도움을 받아(택배가 어디쯤 왔는지 확인하는 데 시간이 오래 걸리지도 않으니까) 일을 빨리 처리한 다음 다른 업무를 더 빨리 시작할 수 있다면, 그녀와의 관계를 돈독하게 만들 만하지 않은가? 수수료가 적힌 수표를 빨리 받고 싶을 때도 인맥을 관리하면 된다. 경리가 좋아하는 야구팀이 이겼을 때 메일을 보내보자. "오늘 게임 정말 재미있었어!" 자기가 좋아하는 일을 당신이 기억한다는 사실에 감동할 것이다. 다른 사람의 도움을 받아 일 처리 속도를 높이면 일을 더 많이 할 수 있으므로 결국 수입이 늘어나게 된다.

경고를 하나 해야겠다. 친절은 관계를 돈독하게 하는 데 사용해야지 필요한 것이 있을 때만 사용해서는 안 된다. 어설픈 성공의 기운을 지닌 사람은 친절을 베푼 다음 바로 필요한 것을 요구한다. "와, 가방 정말 예쁘다. 어디서 샀어?" 그러고는 답을 듣기도 전에 당장 처리해야 할 일의 목록을 읊는 식이다. 결국, 우편으로 보내달라고 부탁한 당신의 문서는 당신이 그 자리를 미처 뜨기도 전에 산더미처럼 쌓인 서류 더미의 가장 밑바닥으로 들어가고 말 것이다. 더 절망적인 소식은 그 사람을 영영 잃을 수도 있다는 것이다. 앞으로 당신이 진심으로 친절을 베푼다고 하더라도 그들은 뭔가 원하는 것이 있어서 그런다고 생각하고 당신의 친절을 무시할 것이다. 서운하겠지만 그들을 그렇게 만든 것은 결국 당신이다.

또 한 가지 기억할 점은 까다롭게 굴어야 할 때 생각을 확실하게 표현해야 한다는 것이다. 프로젝트의 홍보 담당자, 디자이너, 도급업자에게 좀 더 꼼꼼하게 일을 처리해달라고 부탁할 때, 나는 "제가 좀 까다로운 편인데 배려해주셔서 감사합니다. 조금 과한 요구인지도 모르겠습니다만 제가 무척 꼼꼼한 편이라서요. 고생해주셔서 정말 감사드립니다"라고 말한 뒤 요구사항을 정중하게 전달한다. 아무리 작은 일이라도 내가 할 수 없는 일을 그들이 해줬을 때 잊지 않고 감사를 표현한다. 가끔은 그들의 상사에게 "와, 메리 씨는 정말 기대 이상이었어요. 일 처리가 정말 완벽하더군요"라고 쓴 이메일을 보내기도 한다. 그러면 상사는 기뻐하며 내가 그녀를 칭찬하는 이메일을 보냈다는 이야기를 메리에게 전할 것이고, 그녀는 깐깐하고 고집스러운 나 때문에 상했던 마음을 조금 누그러뜨릴 수 있을 것이다.

그들은 당신 말고도 많은 사람과 작업한다. 그러니 되도록 덜 까다롭게 굴고 감사할 줄 아는 사람이 되어야 한다. 그런 자세는 일을 처리하는 데 그치는 것이 아니라 성공하는 데에도 크게 도움이 된다.

▪ 말이 통하지 않는 진상을 만났을 때

친절과 관용이 더 많은 일을 해내는 데 도움이 된다고 해서 누구나 이런 방식으로 일하는 것은 아니다. 가끔은 피하고 싶은 상황을 마주할 때가 있다.

한번은 웨스트 빌리지에 있는 1,000만 달러짜리 아파트를 거래한 적이 있다. 한 남자가 중개인 없이 혼자 매물 공개 설명회에 와서는 집이 마음에 든다며 계약을 하고 싶다고 했다. 계약을 하겠다니 기뻤다. 그런데 다음 날, 있는지도 몰랐던 그의 중개인한테서 연락이 왔다. 중개인은 어설픈 성공의 기운에 취해 있는 듯한 사람으로, 전화 통화를 할 뿐인데도 가벼움이 느껴질 정도였다.

그는 "어제 설명회에서 제 고객에게 집을 보여주셔서 감사합니다. 고객과 함께 가지 못해서 유감이네요. 제 고객이 집을 마음에 들어 하셨다니 기쁩니다. 어서 거래를 매듭지었으면 좋겠네요" 같은 정중한 인사도 없이, "제가 의뢰인 대신 일을 맡을 겁니다. 거래는 제가 맡는다고요, 아시겠어요? 그러니 저 없이는 아무것도…, 어쩌고저쩌고"라며 무례한 소리를 해대기 시작했다. 마치 감방을 배정받고 자기가 얼마나 센 놈인지 알리려고 아무에게나 다짜고짜 주먹을 날려대는 불량배 같았다. 나는 이제껏 자기가 '갑 중의 갑'이라는 식으로 구는 사람들을 많이 만났고, 인내심의 한계를 느꼈던 적도 한두 번이 아니다.

이런 사람들과 마주칠 때면 똥 폭탄이라도 던져주고 싶은 생각이 들지만, 그래 봐야 결국 서로 번갈아 가며 똥만 던지다가 끝날 것이다. 온몸에 똥을 묻힌 채 악취를 풍기고 다니는 사람은 큰일을 해낼 수 없다. 안하무인이면서 어설픈 성공에 취해 있는 사람들을 상대하는 방법은 딱 한 가지다. 그들이 흘린 부정적인 에너지를 걷어내고 그 자리를 따뜻함과 친절함으로 채우는 것이다. 거래를 마무리 짓고 되도록 빨리 손을 뗀 다음, 수수료를 챙기고 승자의 미소를 지으면 된다.

안하무인들의 에너지 영향권 안에 있으면 두말할 것 없이 기가 빨리지만 나는 상황을 빨리 벗어날 수 있는 전략 몇 가지를 개발했다. 우선, 이런 사람들이 아무 데서나 행패를 부리는 이유는 불안감 때문이라는 사실을 알아야 한다. 어설픈 성공의 기운을 풍기는 사람들은 경험이 부족해 일을 망칠까 봐 걱정한다.

그가 몇 년 전에 한 거래에 대해 알고 있다면 이렇게 이야기하자. "그때 정말 기가 막히게 거래를 성사시키셨죠. 같이 일하게 되어서 기쁘네요." 상대를 알아봐 주고 칭찬해주면 적어도 당신과 일하는 동안 억지나 행패를 덜 부리게 할 수 있다. 사리 분별을 못 하는 사람은 아기나 마찬가지다. 이런 사람들과 엮인 상황을 가장 빨리 마무리 짓는 방법은 그쪽이 이겼다고 생각하게끔 해주는 것이다. 일을 마무리 짓는 여러 가지 방법을 소개하겠지만, 이익을 얻으려면 자아를 감추고 그들이 들인 노력에 감사를 표시하는 수밖에 없다. 최종적으로는 당신이 원하는 것을 얻을 수 있으리라는 사실을 생각하면서 뒤로 물러나 있으면 된다. 모두의 눈살을 찌푸리게 하는 행패를 그들 자신은 전혀 인지하지 못하겠지만, 내버려 두자.

어설픈 성공의 기운은 서서히 퍼지기도 한다. 이런 경우는 마주쳤을 때 바로 알아채기가 힘들어서 이상한 기운을 감지했을 때는 이미 프로젝트를 한창 진행 중일 가능성이 크다. 내가 큰 거래를 맡기 시작한 뒤, 어퍼웨스트사이드에 있는 타운하우스 거래를 맡은 적이 있다. 부유하고 교양 있는 신사가 소유한 완벽하게 수리된 고풍스러운 저택이었다. 가격은 1,600만 달러였고 내 매물 리스트에 있다는 것만으로도 도움이 됐을 정도다. 하지만 일을 맡은 지 얼마 지나지 않아서 내 안의 '어설픈 성공의 기운 탐지기'가 경보를 울리기 시작했다. 저택의 소유주인 신사 양반이 하루에도 여섯 통, 일곱 통씩 전화를 걸어왔다. 내가 전화를 바로 받지 않으면 화를 내면서 이메일을 보냈다. "집이

언제쯤 팔릴 것 같습니까? 전화는 왜 안 받는 거요? TV 쇼에서 보여준 건 연기였고, 진짜 잘나가는 중개인은 아닌 것 같소만."

이런 상황에서는 아주 조심해야 한다. 이런 부류의 사람들은 상대의 숨통을 서서히 조이기 때문이다. 이들의 요구사항은 우리의 일상을 야금야금 침범하다가 결국은 인생 전체에 오점을 남기기도 한다. 시간을 뺏고 관심을 요구하는 것도 모자라, 다른 고객들에게 쏟는 에너지를 모두 합한 것보다 더 많은 에너지를 자신에게 쏟게 한다. 큰돈을 만지게 해주리라고 기대했던 거래는 어설픈 성공의 기운을 풍기는 이들 때문에 마무리를 짓기까지 아주 오랜 시간이 걸린다. 게다가 끝내 거래를 성사시켜 이익을 얻더라도 들인 노력에 비하면 결코 많은 액수라고 할 수 없는 상황이 된다. 이런 경우는 정말 최악이라고 할 수 있다.

숨이 막혀 질식하지 않도록 나는 나와 우리 팀의 처우에 대한 기본 규칙과 우리에게 기대할 수 있는 것들의 기준을 정해야만 했다. 우선 그에게 저택을 팔기 위해 백방으로 노력하느라 바빠서 전화를 받지 못했으며, 하루에 다섯 통씩 긴 통화를 할 수는 없다고 설명했다. 우리가 일을 하려면 시간이 필요하다고도 말했다. 그리고 동료 니콜을 대동하고 그를 만나서 우리가 함께 일하고 있으며, 만약 긴급한 일이 생겼을 때 나에게 연락이 닿지 않으면 니콜이 문제를 처리해줄 수 있을 거라고 일러두었다.

사람들의 숨통을 조여서 자기 방식대로 일을 처리하는 버릇이 있는 사람을 길들이려면 그들이 간섭할 수 있는 범위를 명확히 하고, 그들이 불만을 표출할 수 있는 창구를 하나 남겨둬야 한다.

자신을 객관적으로 보기는 쉽지 않다. 고든 머리 씨와의 운명적인 만남에서 실패를 맛봤을 때 나에게는 두 가지 선택지가 있었다. 나와 비슷한 처지에 있는 사람들에게 값싼 매물만 중개하는 실속 없고 허풍만 심한 사람으로 남든지, 어설픈 성공의 기운을 털어버리고 누구나 함께 일하고 싶어 하는 사람이 되든지. 후자를 선택한 후 내 삶은 극적으로 변했다. 지금도 아주 가끔은 부정적인 측면이 보이기도 하지만, 나 자신을 객관적으로 평가하는 법을 배워 다행이라고 생각한다. 그 덕에 나는 구부정한 자세, TV에 비쳤던 개념 없고 무례한 행동들과 영원히 작별할 수 있었다.

어설픈 성공의 기운을 떨쳐버리고 긍정적인 에너지를 발산할 때 그 영향은 우리가 생각하는 것보다 크다. 일자리에서부터 수입까지 모든 것이 달라질 수 있다.

성공을 향해 달리다 보면 진상을 상대해야만 할 때가 있다. 어설픈 성공의 기운을 가진 이들과 한판 붙어 이기려고 하기보다는 자신이 얼마나 호감을 주는 사람인지에 집중해 얻을 것을 얻고 행복하게 떠나는 쪽을 택하자. 그들보다 한 차원 높은 수준으로 일을 처리하자. 올바른 성공의 기운을 가진 사람으로서 당신이 원하는 것을 얻게 될 것이다. 당신이 이 책을 읽기 시작한 이유가 원하는 것을 더 많이 가질 방법을 배우기 위해서가 아니던가. 올바른 성공의 기운을 발산하는 법을 익혀 사람들에게 영감을 주고, 자신의 능력을 보여주고, 똑똑하고 힘 있는 사람들이 당신에게 힘을 보태고 싶어지게 만들자. 당신은 이미 충분히 매력 있다. 단지 숨은 매력을 꺼내기만 하면 된다. 어설픈 성공의 기운에는 정면으로 맞서자. 다른 사람이 뿌린 똥을 끊임없이 닦아내는 것보다는 한 번 제대로 맞서 일을 처리한 다음 똥 묻은 사람 곁을 빨리 떠나는 편이 현명하다.

어설프게 성공을 뽐내는 여덟 가지 유형

- 전문가인 척하는 유형: "빌 게이츠가 뭐라고 했건 상관없어요. 컴퓨터라면 제가 훨씬 많이 아니까요."
- 뭐든 알아서 하겠다는 유형: "지금까지 노력해줘서 고맙습니다만, 이제 제가 있으니 이 명석한 머리를 활용해 문제를 멋지게 처리해보죠. 어쨌든 수고하셨어요!"
- 필요할 때만 귀를 여는 유형: "여기 새우랑 땅콩이 들어간 요리가 맛있던데 한번 드셔보시죠. 알레르기가 있다고 이미 말씀하셨다고요? 못 들은 것 같은데요. 아참, 졸업한 학교가 하버드라고 하셨나요?"
- 이간질하는 유형: "저 사람이랑 말 섞지 마세요. 왜냐하면, 이건 비밀인데…."
- 지고는 못 사는 유형: "신혼여행으로 발리를 다녀왔다니 좋으셨겠어요. 저는 한 달에 한 번은 다녀오려고요."
- 허세가 심한 유형: "여기 요리사인 라파엘이 글쎄 제 생일이라고 특별 메뉴를 내왔지 뭡니까. 케이크 위에 올라간 초콜릿도 제 생일에 맞춰 수확한 코코아로 가공한 거라더군요.

파티에 연예인을 초대했는데 아쉽게도 일이 있어 참석하지 못한다네요."

- **명품에 죽고 못 사는 유형**: "저는 구찌, 샤넬, 아르마니, 지방시 제품만 써요. 이 구찌 벨트는 어제 샀는데, 최신 디자인이죠."
- **과하게 친한 척하는 유형**: 어떤 상황에서건 상대방을 '자기' 또는 '형님'이라고 부르는 유형이다(이름을 알고나 있는지 의문이다). 이렇게 과하게 친한 척하는 사람들과 만나면 언제 저녁 식사를 함께하자거나 영화를 보러 가자거나 휴가를 같이 떠나자는 등의 제의를 받을 수 있다. 그렇지만 입만 열면 하품 빼고는 다 거짓인 사람들인지라 진짜 초대장은 절대 오지 않는다.

5. 삶의 지배자가 되는 법

살다 보면 자신의 삶을 완전히 지배한 사람들을 만나게 된다. 이런 사람들은 아주 매력적인 데다 옷맵시마저 뛰어나고 "나는 내 세상의 주인공이야. 그러니 길을 비켜라"라고 소리치는 듯한 외모를 지니고 있다. 이들을 보면 당연히 큰 회사의 대표이거나 떠오르는 신예 스타라고 생각하게 된다. 이들에게서는 돈을 쓸어 모으는 것 같은 기운이 뿜어져 나온다. 사람들은 이들과 함께하면 그 기운을 얻을 수 있지 않을까 기대한다. 부자들의 세계로 가는 문을 연 듯한 이들을 닮고 싶어 하는 동시에, 절대 자신은 그렇게 되지 못할 것 같은 생각에 질투하기도 하며, 이런 인간이 존재한다는 것 자체가 불공평하다고 생각하기도 한다. 게다가 이들은 어디에서나 시선을 끄는 외모를 십분 활용해 사람들을 집중시키는 방법을 안다. 이들은 쇼윈도에서 볼 수 있는 아름답고 엄청나게 비싼 상품과도 같다. 이런 상품은 내 손에 들어올 리 없고, 어딜 가든 잔상이 계속해서 머릿속을 맴돈다. 나는 이런 사람들을 '지배자'라고 부른다. 여기에서 요점은 이들이 부를 손에 쥔 것처럼 보인다는 점이다. 인정하고 싶지 않아도 어쩔 수 없는 사실이다.

솔직히 말해서 무엇을 입느냐는 중요한 문제다. 이런 말을 하게 되어 유감이지만, 직장에서 잘나가는 사람이 되고 싶거나 연봉 협상을 성공적으로 해내고 싶거나 승진하고 싶거나 면접에서 마음껏 기량을 뽐내고 싶거나 다른 사람들에게 의견을 효과적으로 전달하고 싶다면 외모, 특히 어떤 옷을 입느냐를 심각하게 생각해봐야 한다.

SNS에서 본 '성공한' 사업가들이 편한 옷을 입는다는 이유로 당신도 바닥에 널브러져 있는 낡은 티셔츠와 청바지를 주워 입고 출근할 생각이라면 마음대로 해도 좋다. 하지만 명심해라. 당신이 가장 좋아하는 콘서트 기념품 티셔츠는 당신이 어떤 사람인지를 보여준다. 티셔츠에는 가수의 이름부터 별 뜻 없어 보이는 문장까지 다양한 문구가 적혀 있다. 지금처럼 거실 소파에 앉아 책을 읽는 상황이라면 이런 옷을 입어도 상관없다. 하지만 돈을 더 많이 벌고 싶다면 이런 옷들을 입고 나설 생각은 하지 않는 것이 좋다.

혹시 속으로 '마크 저커버그도 매일 후드티만 입는데 억만장자잖아!'라고 생각했는가? 물론 당신이 티셔츠와 모자 차림으로도 세상을 바꿀 수 있고 하버드를 과감하게 자퇴할 만큼 자신감이 있는 사람이라면, 벤처회사를 상장해 기업 가치를 수백억 달러로 만들 수 있는 사람이라면 원하는 대로 해도 좋다. 하지만 하버드 학생이 아니고 대학 입학시험에서 만점을 받기도 어려우며, 부자가 아니고 그저 꿈을 이루기 위해 열심히 일할 따름인 우리는 외적인 첫인상을 책임지는 옷 스타일이 자신의 가치를 나타낸다는 사실을 알아야 한다.

내가 선택한 옷은 '나'라는 브랜드를 표현한다. 옷은 마치 외교사절단처럼 내가 미처 입을 떼기도 전에 내가 누구이고 어떤 신념을 지녔는지, 얼마나 전문적이고 영향력이 있는지 남들에게 말해준다. 옷과 관련하여 우리에겐 두 개의 선택지가 있다. 잊히기 쉬운 사람으로 보일 것인가, 아니면 지배자로 보일 것인가.

분홍색 민소매 티셔츠에 군복 무늬 반바지를 입고 이 글을 쓰는 중인 내가 패션에 정통한 사람인 체하며 훈수 둘 생각은 없다. 하지만 나는 침대에서 막 나온 것처럼 보이는 사람에게는 세상이 능력, 지능, 재능을 뽐낼 기회조차 주지 않는다는 사실을 경험으로 알게 됐다. 처음 일을 시작할 때 나는 내 기준으로 '멋져 보이는' 옷을 입고 다녔다. 당시 나는 셔츠와 면바지, 아주 크고 반짝이는 버클이 달린 벨트, 그 모든 것을 돋보이게 해줄 카우보이 부츠 차림으로 출근했다. "이랴!" 하고 외치면 딱 어울릴 복장이었다. 내가 트랙터를 파는 사람이었다면 잘 어울리는 차림이었을 것이다. 아침에 일어나 그 옷을 입고 사무실로 향하면서 문의 전화가 많이 오면 좋겠다고 생각하곤 했다. 하지만 일은 별로 없었고 청구서만 쌓여갔다.

내가 입은 옷처럼 나의 바람이나 소망도 흐리멍덩하고 모호했다. 아무렇게나 입고 나온 듯한 옷 때문에 내 행동마저 게으르게 보였고, 나에게서는 게으른 에너지가 풍겨났다. 나의 가치를 보여주는 대신 부스러기에 만족할 사람으로 보이게 했다. 지금 자신에게 한번 물어보라. 부스러기만 먹고 살아도 괜찮은가? 나는 그렇지 않았다. 설령 내가 유능하고 세련되고 경험이 풍부한 부동산 중개인이라고 해도(물론 그러지 못했지만) 그런 옷만 주야장천 입고 다녔다면 나의 지식과 전문성은 옷에 가려 보이지 않았을 것이다. 내가 입은 옷은 고객들에게 "열심히 할 마음은 별로 없지만 싼 월셋집은 찾아드리겠습니다. 혹시 돈을 좀 더 주시면 짐도 옮겨드릴 수 있습니다"라고 외치고 있었다. 그러면서도 내가 왜 비싼 집을 원하는 고객을 만나지 못하는지 궁금해 했다니, 지금 생각하면 한숨이 절로 나온다.

—

청중을 이해하자

—

내가 중개 일을 시작했을 때 저지른 가장 큰 실수는 옷을 입을 때 나를 만나게 될 사람들을 생각하지 않았다는 것이다. 나는 나를 위한 옷을 입었다. 아침에 일어나 옷장을 열어 쓱 한번 훑어보고, 그중 편한 옷을 걸치면 그만이었다. 전형적인 20대로 보일 만한 옷을 입으면 20대에게는 주목받을 수 있겠지만, 그들은 성공하고 싶어 하는 내가 찾는 재정적 지원이나 기회를 제공할 수 없다. 어쩌면 20대의 정신 상태에서 아직 벗어나지 못한 어른들에게 주목을 받을 수 있을지도 모른다. 하지만 이들 역시 몇백만 달러짜리 집을 계약함으로써 나에게 도움을 줄 수 있는 사람들은 못 된다. 내가 찾는 고객에게 주목받으려면, 우선 거금을 들여 집을 살 능력이 있는 청중의 눈에 띄어야 했다. 나는 이런 사람들 앞에 나서본 적이 없었지만, 이들과 내가 생각하는 성공의 기준이 다르다는 것쯤은 알고 있었다. "맥주 한잔합시다"는 내가 찾는 청중의 흥미를 불러일으킬 만한 말이 아니었다. 내가 원하는 청중의 주의를 끌려면 그들이 생각하는 성공의 표식을 알아야만 했다.

■ 일곱 번째 코드 ■

남들이 당신을 진지하게 대하길 바란다면 그럴 가치가 있는 사람으로 보이도록 노력해야 한다.

나는 돈이 많은 고객을 만나고 싶었다. 맨해튼에서는 대학교 등록금보다 비싼 정장과 가방, 명품 구두와 시계 들을 아주 쉽게 볼 수 있다. 하지만 어떤 차림을 할지 정하면서 돈을 꼭 많이 들여야 하는 건 아니다. 나는 우선 차이나타운을 찾았다.

차이나타운은 뉴욕에서 가장 붐비는 장소다. 맛있는 길거리 음식을 찾거나 가짜 명품 시계를 사려는 사람들이 이 지역으로 모여든다. 나는 나를 부자처럼 보이게 해줄 성공의 표식을 가지고 싶었다. 몸에 걸치기만 하면 굳이 내 입으로 말하지 않아도 억만장자에게 비싼 저택을 판매하는 사람이라는 인상을 풍기게 해줄 물건이 필요했다. 지금 생각하면 어이가 없지만, 당시 나는 아는 사람을 마주치지 않기를 바라며 길가 노점상 앞에 서서 가짜 명품 시계 여러 개를 놓고 저울질했다. 결국, 롤렉스를 골랐다. 헐값에 산 그 황금색 가짜 롤렉스는 한동안 나만의 애착 담요 역할을 해주었다. 시간을 확인하려고 '롤렉스'를 볼 때마다 성공해야겠다는 생각이 들었다. 지금에 와서는 성공을 느끼기 위해 가짜 롤렉스를 들여다볼 필요가 없어졌지만(찰 때마다 손목에 알 수 없는 초록색 얼룩을 남기기도 했고), 가장 필요했던 시기에 성공에 대한 동기를 부여해준 고마운 물건이다.

우리 업계에서 성공의 신호는 매우 명확하다. 물론 직업마다 사람들의 기대와 요구가 다양하며, 모두가 정장을 입을 필요는 없다(운이 좋은 사람들이다). 하지만 일반적인 사무실 환경에서 일하지 않거나 복장 규정이 없는 회사에서 일하더라도 자신만의 복장 규정은 있어야 한다.

작가나 제빵사, 헤어디자이너라면 옷은 당신의 자신감과 경험(설사 거의 없을지라도)을 드러낼 수 있는 도구다. 당신의 외모가 '오늘 하루 무사히 지나가길 바라는 사람'이라는 인상보다 '책임감 있고 일 처리도 끝내주게 하는 사람'이라는 인상을 주길 바라지 않는가?

▪ 복장 규정

성공의 기운이 느껴지는 사람이 되기 위한 여정을 막 시작했을 때 나는 톰포드 정장과 프라다 구두를 가질 수 있다면 콩팥 하나쯤은 떼어줄 준비가 돼 있었다. 나에게 잘 어울릴 만한 옷을 고르면서 나에게서 부자의 기운이 느껴지게 해줄 스타일 규칙 몇 가지를 세웠다. 이 규칙은 예산에 구애받지 않고 적용할 수 있다.

첫 번째 규칙은 핏, 즉 옷태다.

바지 지퍼를 올리느라 바닥에 누워 숨을 참고 배를 최대한 홀쭉하게 만들면서 '됐다! 들어갔다!'라고 안도해본 적이 있는가? 바지가 너무 꽉 껴서 바로 일어나지 못하고 20분쯤 낑낑댄 적이 있는가? 그 옷은 당신에게 안 맞는 옷이다! 나는 셔츠 단추가 잠기더라도 맞는 사이즈가 아닐 수 있다는 사실을 이해하는 데 몇 년이 걸렸다. 옷 쇼핑을 갔는데 입어본 옷마다 별로였던 적이 있을 것이다. 그러다가 옷 한 벌을 입고 탈의실 거울 앞에 섰는데 '와, 셔츠가 나한테 잘 어울리는데?'라고 생각해본 적이 있지 않은가? 그 옷이 좋아 보이는 이유는 당신에게 잘 맞아서다. 옷이 몸에 맞는지도 중요하지만, 내가 이야기하는 옷태는 그런 의미가 아니다.

성공의 기운이 느껴지는 옷태를 갖추려면 자신의 강점을 부각하고 자신 없는 부분에 시선이 가지 않게 해주는 옷을 찾으면 된다. 나는 입었을 때 다리가 바싹 마른 바나나처럼 보이지 않는 바지를 찾는다. 내가 원하는 느낌을 내기 위해 셔츠는 길이가 약간 길면서(허리가 긴 편이기 때문에) 최대한 통이 좁은 것으로 고른다. 숱한 시행착오를 거친 후 내 몸에 딱 맞는 셔츠를 생산하는 브랜드를 하나 찾았고, 항상 그 브랜드의 셔츠를 산다.

돈이 별로 없었을 때는 떨이 상품 진열대에서 찾을 수 있는 옷들만 입었다. 별 불만은 없었다. 내가 살 수 있는 정장들은 죄다 조금씩 크고 헐렁해서 마치 아빠 양복을 입은 10대처럼 보였지만, 나는 어떻게든 돌파구를 찾아냈다. 맞지 않는 정장들을 수선집에 맡기면 무슨 마법이라도 부린 것처럼 나에게 딱 맞는 사이즈가 되어 돌아왔다. 볼품없던 정장이 수선집 사장님의 손에서 아주 멋진 정장으로 재탄생했다. 비용을 너무 비싸게 부르지 않는 괜찮은 수선집을 찾아(드라이클리닝을 하는 세탁소에서 싼값에 수선해주기도 한다) 옷장에 있는 옷들을 예쁘게 고친 다음, 당신의 인생이 어떻게 변하는지 한번 보라.

두 번째 규칙은 깨끗한 옷이다.

이 말은 아주 빤하게 들릴 것이다. 언제 빨았는지 기억도 안 나는, 대학 때부터 입던 셔츠를 입고 회사에 가면 안 된다는 사실은 누구나 안다. 옷에 신경을 쓰기 시작했을 때, 깨끗한 옷을 입는다는 것은 세탁하려고 쌓아둔 옷더미에서 손에 닿는 대로 꺼내 입지 않는다는 것과는 다른 의미임을 알게 됐다. 내 옷은 말 그대로 깨끗했다. 부자의 기운을 풍기고 싶다는 생각을 한 이후로는 거기에 더해 주름과 보풀, 반려동물 털(당시 나는 반려돼지를 기르고 있었다. 물론, 땅돼지는 아니다)이 보이지는 않는지까지 꼼꼼하게 살폈다. 스팀다리미를 항상 눈에 띄는 곳에 두고 있으며, 보풀 제거기도 가지고 다닌다. 아침에 옷을 입기 전에 옷 전체를 훑어보면서 스무디 얼룩이 묻어 있진 않은지 확인하고, 티끌 하나 없이 깨끗하고 몸에 딱 맞는 정장 셔츠 소매에 실밥이 덜렁거리지는 않는지도 확인했다. 회의 시간 내내 바지에 붙은 반려돼지의 털을 사람들이 볼까 봐 안절부절못한다면 성공의 기운을 풍길 수 없기 때문이다.

예산이 빠듯할 때는 단순한 디자인에 튀지 않는 색의 옷을 샀다. 내가 소화할 수 있는 옷이 무엇인지 파악하고 질이 더 좋은 옷을 살 만한 여유가 생기기 전에는 짙은 색이나 체크무늬, 줄무늬가 있는 옷은 피했다. 깨끗한 옷을 입으면 좋고, 깨끗한 것이 문제가 될 리는 절대 없다. 행색이 엉망이면 사람들은 당신이 성격도 마음가짐도 엉망이고 일도 엉망으로 처리할 거라고 생각한다. 그러니 옷매무새를 꼭 정돈하자.

세 번째 규칙은 깨끗한 구두다.

무엇을 신었는지도 어떤 사람인지를 나타낸다. 남자든 여자든 마찬가지다. 지배자가 되기로 한 후 나는 유행을 타지 않는 디자인의 로퍼 한 켤레를 장만했다. 그 신발은 내가 가진 옷 어디에나 잘 어울렸고, 나는 이 로퍼를 항상 새것처럼 깨끗하게 유지했다. 시간이 흘러 이제 막 성공의 기운이 무엇인지 알아갈 때쯤, 멀쩡한 인도를 찾기 힘든 맨해튼 거리를 뻔질나게 누 빈 그 로퍼의 밑창에 구멍이 뚫렸다. 비나 눈이 오는 날에는 발 이 푹 짖곤 했지만, 보이는 부분만큼은 항상 반짝반짝 광이 나 게 유지했기 때문에 아무도 눈치채지 못했다. 헤어젤로 단정하 게 손질한 머리와 마찬가지로, 깨끗한 구두는 사람의 인상에 생 각보다 큰 영향을 미친다. 그래서 나는 내 신발이 거의 망가져 간다는 사실을 누구에게도 알리고 싶지 않았다.

신발은 스타일을 완성한다. 즉, 멋진 옷을 입고도 신발 때문 에 스타일이 무너질 수 있다는 뜻이다. 단순하지만 깨끗하게 닦 은 신발이 지저분한 명품 신발보다 훨씬 돋보인다. 멀끔한 옷을 입고 낡은 신발을 신은 사람에게 나도 몰래 끌린 적이 있는가? 아마도 아닐 것이다. 그런 차림으로는 지배자처럼 보일 수 없다.

나에게도 정장에 운동화를 신고 다니던 안타까운 시기가 있 었다. 그런 차림을 한 사람을 많이 봐왔기에 그렇게 입고 다니 면 멋져 보이리라 생각했다. 하지만 그 차림을 한 나는 전혀 멋 지지 않았다. 깜깜한 방에서 손에 집히는 것을 아무거나 입고 신은 듯 어색해 보이기만 했다. 멋진 정장에 운동화를 신어도 어울리는 사람이 없는 건 아니지만, 어쨌든 나는 아니었다.

지금부터 하는 이야기를 잘 새겨두길 바란다. 멋진 옷을 입 고 '쪼리'를 신어 스타일을 망치지 말자. 끝내주게 소화할 자신 이 없다면, 정장을 입고 헬스장에서나 신을 법한 운동화는 신지 말자. 당신의 얼굴과 성품에 쏠려야 할 관심을 발로 분산시키는 너무 튀는 신발도 피하자. 부끄러운 얘기지만, 앞코가 뾰족한 정장 구두만 신고 다닌 적도 있다. 마법사들이나 신을 법한 신발이었다. 그런 신발을 여러 켤레 가지고 있었다. 그런 신발이 유행이었던 적도 있고 그 신발을 신었을 때 쏠리는 시선을 즐기기도 했지만, 사람들이 나를 부동산 지식이 해박하고 같이 일하고 싶은 중개인으로 기억하기보다 마법사 구두를 신은 중개인으로 기억한다는 사실을 나중에 깨달았다.

몸에 잘 맞는 옷을 입고 깨끗한 신발을 신으면 기분이 좋아지고, 그 에너지는 우리의 행동을 통해 드러난다. 옷은 가장 좋은 명함이기도 하다. 이름과 연락처가 적힌 종이 명함을 건네지 않아도 옷을 통해 '저를 만난 것을 기억하실 겁니다. 왜냐하면 저에게서 보스의 기운이 느껴질 테니까요'라는 메시지를 전할 수 있을 것이다.

자신감이 드러나는 옷을 입어라

지배자 같은 외모를 만들고 싶다면 멋진 옷을 한 벌 장만하자. 그 옷이 당신에게 자신감을 줄 것이다. 지금 나의 '지배자 옷장'은 꽉 차 있다. 이런 옷은 나를 성공적이고 능력 있고 자신감 있는 사람으로 보이게 해준다. 나는 아직도 큰 회의에 참석하거나 거래를 마무리할 때 입는, 자신감을 주는 옷을 따로 가지고 있다. 가장 좋아하는 차림은 남색 정장에 흰 셔츠를 입고, 분홍색 에르메스 넥타이를 매고, 갈색 랑방 신발을 신고, 1년 동안 돈을 모아 장만한 오데마피게 시계(나한테 롤렉스가 별로 어울리지 않는다는 사실을 깨달았다)를 차는 것이다. 그런 차림으로 서 있으면 무슨 일이든 해낼 수 있을 것 같은 자신감이 솟아난다. 검은색 줄무늬 정장에 검은색 프라다 신발을 신고 루이뷔통 벨트를 찼을 때도 똑같이 자신감을 느낄 수 있다. 브랜드 로고가 보이지 않는 제품을 사용하긴 하지만, 브랜드는 비싼 만큼 이름값을 톡톡히 한다. 이런 차림으로 세상에 나서면, 누군가가 나에게 무슨 짓을 하든 흔들리지 않을 자신이 있다. 나는 천하무적이니까.

성공의 기운을 뿜어내게 해줄 옷장을 만들고 싶다면 자신을 지배자처럼 보이게 하는 강력하고 멋진 차림을 찾는 데 집중하면 된다. 그 차림을 할 때마다 옷이 가진 힘을 느낄 수 있을 것이다.

한번은 대형 건물 프로젝트에서 해고된 적이 있는데, 해고의 이유가 개발업자가 나를 싫어하기 때문이라고 생각했다. 하지만 몇 년 후 그는 한 인터뷰에서 나와 일할 때 어땠는지에 관한 질문을 받았을 때 이렇게 답했다. "라이언 씨는 멋진 사람이죠. 재미있고, 똑똑하고, 에너지도 좋고, 옷도 잘 입고요. 처음 본 순간 사람들이 거래를 맡기고 싶어 할 중개인이라는 걸 알았어요." 그렇게 생각하면서도 왜 나를 해고한 건지, 알다가도 모를 일이다.

나는 지배자 스타일 옷들을 사랑하지만, 그 옷을 벗어 던지고 평범한 라이언으로 돌아가는 순간을 더 사랑한다. 회의, 프레젠테이션, 전화 통화, 그리고 (바람이지만) 거래를 여러 건 성사시킨 후 집 현관문을 열고 들어가서 지저분한 뉴욕 거리를 활보하도록 도와준 신발을 벗고, 아내와 딸에게 가볍게 입을 맞춘 다음 장모님께 인사를 드리고 곧장 침실로 들어가 지배자의 유니폼을 벗어버리는 순간 말이다. 그러고는 가장 좋아하는 분홍색 민소매 티셔츠와 헐렁한 반바지를 입는다. 부동산 중개인 라이언은 말이 빠르지만, 평범한 라이언은 훨씬 조용하다. 하지만 나는 조금 전 현관에 프라다 신발을 벗어둔 성공한 사람이며, 자신감은 여전하다. 성공의 기운을 내뿜는 법을 배우면서 내가 원했던 인생을 살게 됐고, 내가 무엇을 입든 성공의 기운은 항상 내 안에 있다.

준 셴 부인은 나와 200~300만 달러짜리 집을 보러 다니는 일주일 동안 매일 똑같은 옷을 입었다. 하지만 그녀는 자신감에 차 있었고, 그녀의 태도에서 '나는 백만장자이고, 시차에 적응하는 동안은 좀 편하게 다니고 싶어'라는 외침을 들을 수 있었다. 언젠가, 모든 게 수월하게 흘러가 준다면 조만간, 성공의 기운을 풍기게 될 당신은 무엇을 걸치든 반짝반짝 빛나게 될 것이다. 목표를 달성하는 데 필요한 옷을 장만하고 결국은 편안한 옷을 다시 찾는 날이 오더라도, 성공의 기운은 당신 곁을 떠나지 않을 것이다. 성공의 기운이 당신의 진짜 모습에서부터 배어 나오기 때문이다.

■ 여덟 번째 코드 ■

옷을 오늘의 기분에 따라 입지 말고

내일의 성공을 위해 입어라.

먹지 않는 순간이 나를 만든다

당연하지만 우리는 음식에서 에너지를 얻는다. 내면이 좋은 기운으로 차 있지 않으면 어떤 옷을 입든 좋은 기운을 발산할 수 없다. 내가 제일 잘 안다. 몇년 동안 초콜릿 푸딩에 중독되어 있던 과체중 꼬마였으니까. 지금은 오후 6시까지만 음식을 먹는다. 내키는 날이면 별 이유 없이 24시간 동안 금식을 하기도 한다. 이런 생활 패턴 때문에 사랑하는 가족과 외식을 할 수 없는 것도 아니다. 아내와 저녁 데이트를 약속한 날에는 오후 2시까지 아무것도 먹지 않는다. 이런 생활 패턴을 시작하고 나서 더 활기차고 행복하게 살게 됐다. 나는 성공의 기운을 충만하게 품고 지배자의 하루를 보낼 준비가 된 채 새벽 4시에 일어난다.

푸드 매터스라는 회사에서 매일 밤 자연 건강식을 준비해 아침에 우리 집 앞으로 배달해준다. 내 점심 도시락에는 달걀 요리, 과일, 단백질 스무디, 지방이 적은 고기, 채소 그리고 건강한 간식 한 가지가 포함된다. 맛있을 뿐 아니라 커다란 도시락 안에 준비된 음식을 먹기만 하면 되니 무엇을 먹을지 고민하지 않아도 된다는 점도 정말 마음에 든다. 무엇을 먹고 안 먹을지, 언제 먹을지를 통제하고 나면 기분과 외모, 에너지를 내 마음대로 조절할 수 있다는 사실을 깨닫게 될 것이다. 그렇게 관리한 몸에 잘 맞는 옷을 걸치면 당신은 자신의 삶을 완전히 지배할 수 있다.

6. 선택적 소통의 기술

세바스찬과는 그에게 1,700만 달러짜리 집을 중개하면서 친해졌다. 그 후 세바스찬은 햄프턴에 있는 멋진 저택 하나를 자신의 부동산 보유 목록에 추가하고 싶어 했다. 이 거래를 중개하는 과정에는 우여곡절이 많았다. 거래가 무산되는 이유는 소통이 끊기거나 제대로 되지 않아서일 때가 많다. 하지만 그 거래는 예외였다. 오히려 한참을 고민한 후 말을 아낀 덕분에 거래를 마무리 지을 수 있었다. 나는 세바스찬이 그 저택을 사고 싶어 한다는 사실을 알았지만(물론 나도 수수료를 원했고), 내가 알게 된 정보는 얼토당토않은 데다 너무 어이가 없는 것이어서 세바스찬에게 알리면 분명 사달이 날 것 같았다.

햄프턴에는 롱아일랜드 남동쪽 해변을 따라 여러 개의 바닷가 마을이 있는데, 이 지역은 우리가 휴가 때 많이 찾는 일반적인 휴양지와는 다르다. 햄프턴에서는 요거트 아이스크림을 먹으러 갔다가 유명 팝스타 리아나 앞에 줄을 서게 될 수도 있고, 커피를 사러 갔다가 영화배우 제리 사인펠드를 마주칠 수도 있다. 햄프턴은 동부의 베벌리힐스라고 할 수 있는 해변 휴양지다. 연예인과 부자들이 해변의 정취와 호화 파티를 즐기기 위해 모여드는, 자기 집에 전담 요리사를 두고도 레스토랑에서 줄 서기를 마다하지 않는 곳이다.

이렇게 호화로운 여름 휴가를 즐길 수 있는 장소이기 때문에 햄프턴에서는 작은 오두막조차도 어마어마하게 비싸다. 하지만 세바스찬은 오두막을 찾는 게 아니었다. 그는 해변이 바로 보이면서 큰 안방, 운동방, 인피니티풀, 농구팀 전체가 머무를 정도로 넉넉한 개수의 침실, 손님방, 영화감상실, 야외 영화감상실 등이 갖춰진 저택을 찾고 있었다. 그의 예산이 어느 정도였는지 궁금한가? 자그마치 3,000만 달러였다.

어느 날 오후, 나는 세바스찬에게 호화로운 저택 몇 채를 영상통화로 보여주기 위해 헬리콥터를 타고 햄프턴으로 갔다. 세바스찬은 세 번째 집을 마음에 들어 했다. 바다와 30미터 떨어진, 공식적으로 시장에 나오지 않은 해변 저택이었다. 750제곱미터짜리 저택의 내부는 궁전처럼 새로 인테리어가 돼 있었고, 밖으로 나가면 멋진 경관을 한눈에 볼 수 있는 560제곱미터짜리 데크 공간이 세 개 층으로 펼쳐져 있었다. 그뿐만이 아니다. 흠잡을 곳 없는 바다 경치를 감상하거나 허리케인이 와도 끄떡없는 대형 TV를 보고 있다가 배가 고파지면 언제든지 피자를 대령할 수 있도록 피자 화덕도 마련되어 있었다. 이 집의 호가는 5,000만 달러였다.

다른 저택들은 코끼리가 통째로 들어갈 만큼 큰 벽난로가 없고, 그가 수집하는 2,500~3,500만 달러짜리 빈티지 자동차들을 보관할 차고 공간이 충분하지 않다는 이유로 세바스찬이 거절했기 때문에 우리는 5,000만 달러짜리 집을 2,800만 달러에 팔라고 제안을 넣었다. 저택 주인 측에서는 답이 없었다. 세바스찬이 제시했던 예산을 꽉 채워 다시 3,000만 달러를 제시했지만 역시 아무 답도 들을 수 없었다. 그래서 '고작 200만 달러쯤 올린다고 무리가 되는 것도 아니었으므로' 3,200만 달러를 제시했다. 그제야 답을 들을 수 있었다.

저택 주인 측은 우리와 생각이 달랐다. 그가 부른 것보다 1,800만 달러나 모자라는 금액을 제시했고, 심지어 그 저택은 시장에 나온 매물도 아니었으니 이해할 만했다. 몇 달에 걸쳐 가격을 조율한 끝에 저택 주인 측 중개인한테서 전화를 한 통 받았다. "4,000만 달러 미만으로는 팔 생각이 없으시답니다. 1,000만 달러나 깎아드리는 건데, 저택 안에 딸린 모든 것을 포함한 가격입니다." 4,000만 달러는 여전히 세바스찬이 제시한 예산을 한참 웃돌았고, 흔쾌히 사겠다고 할 수 없는 가격이었다. 하지만 저택 내부에 있는 모든 것을 포함한 가격이라면? 집 내부 디자인은 완벽했다. 4,000만 달러를 지불하고 나면 집 내부를 장식하는 데 돈을 들일 필요가 없었다. 나는 재빨리 머리를 굴려봤다. 억만장자들은 인테리어에 돈을 얼마나 들일까? 맞춤

형 침대, 수공예 카펫, 붙박이 가구, 보강된 섀시, 금칠한 천장 벽지, 분수 등을 포함하면 방 하나당 100만 달러는 족히 들 것이다. 웃자고 하는 소리가 아니다. 나는 세바스찬이 순종 경주마를 사기 위해 켄터키로 가는 비행기를 타기 직전에 그에게 전화를 걸었다.

"들어보세요. 4,000만 달러에 거래하시겠답니다. 예산보다 높은 금액이지만 인테리어와 가구를 전부 포함한 가격입니다. 어차피 시간을 많이 쏟으실 수 없으니 이렇게 되면 장식하는 데 골치 아플 일이 없어지죠. 집 인테리어는 완벽하게 돼 있는 상태이고 와인잔, 소파에서부터 계단에 깔린 라마 털 카펫까지 모두 갖게 될 겁니다. 그러니까…, 4,000만 달러를 내면 집 안에 있는 것들을 공짜로 가지시는 셈이죠. 원래 가격보다 1,000만 달러 싼 금액이기도 하고 세바스찬 씨의 시간과 노력도 들지 않고요. 이게 그쪽 조건입니다. 인테리어에 들어갈 비용을 이것저것 다 빼고 나면 멋진 해변 저택을 처음에 생각하셨던 3,000만 달러에 사는 거나 마찬가지지요." 거래를 많이 해본 사람이라면 이 계산이 합리적인지 아닌지는 생각하기 나름이라는 사실을 알 것이다. 세바스찬은 말이 없었다.

돈을 더 쓰도록 유도하고 싶으면

돈에 집중하지 말고 거래로 얻을 수 있는 가치에 집중해라.

세바스찬은 이 제안이 마음에 들었을 수도 있고 다른 일을 하느라, 예를 들면 작은 나라를 하나 사느라 바빴을 수도 있다. 마침내 그가 말했다. "합시다."

억만장자들에 대해 알려주자면, 그들은 돈에 그다지 연연하지 않는다. 어차피 많으니까. 그는 이 저택을 원했고, 나는 그가 원하는 집을 그의 눈앞에 들이밀었다. 이제부터 이 거래를 성사시킨 특이한 소통의 발단을 이야기해보겠다. 돈을 버는 과정에서 매우 조심해서 소통해야 하는 경우가 있는데, 특히 이 거래를 하는 동안에는 마치 내가 FBI 함정수사를 하는 것 같은 느낌이었다.

전염성 강한 문제를 없애거나 포기하거나

돈을 더 많이 벌 수 있는 가장 중요한 비법은 거래 전체에 영향을 미칠 가능성이 있는 문제를 파악해서 뿌리를 뽑는 것이다. 브라보TV나 유튜브 브이로그에서 내가 거래하는 영상을 본 적이 있다면, 점유허가서를 따내려고 고군분투하는 내 모습은 절대 볼 수 없었을 것이다. 내 일 대부분이 고역이지만, 거래를 마무리하기 전에는 처리해야 할 일이 아주 많고, 화면에서는 그 과정이 보이지 않는다. 이번에도 그 많은 과정을 다 거친 후, 우리는 마침내 세바스찬의 햄프턴 저택 계약서의 최종 버전을 받게 됐다. 거래는 거의 끝난 거나 다름없었고, 두둑한 수수료가 주머니에 들어오기 직전이었다. 그런데 가슴이 덜컥 내려앉는 일이 발생했다. '끝난 줄 알았지 멍청아!'라고 나를 비웃기라도 하듯 계약서에는 다음과 같은 부칙이 첨부되어 있었다.

16항 (a)에 대한 추가 조항: 다음 항목은 거래에서 제외하기로 한다.

2층 거실에 있는 TV

손님방 러그

작업실 담요

젠장! 나는 사무실이 떠나가라 고함을 질렀다. 내 사무실은 건물 6층에 있었는데, 아마 거리를 지나가던 사람들도 나의 고함 소리를 들었을 것이다.

"욜랜다, 추가 조항은 세바스찬한테 보내지 말아요."

세바스찬이 이 추가 조항을 본다면 어떤 일이 일어날지 불 보듯 뻔했다. 그는 하던 일을 모두 멈추고 전화기를 집어 든 다음 내게 전화해서 아주 침착하고 차가운 목소리로 "라이언 씨, 좋습니다. TV, 러그, 담요 따위 다 가지라고 하세요. 그리고 나도 내 돈 4,000만 달러를 그냥 가지고 있겠다고 하십시오"라고 말하고는 전화를 끊어버릴 것이다.

나는 몇 달이나 노력을 쏟아부은 대형 거래를 TV와 담요 따위 때문에 놓치고 싶지 않았다. 이 문제로 거래 기회를 날려버리기 전에 저택 주인 측 중개인 사무실로 전화를 걸었다.

"이런 법이 어디 있습니까? 제 고객에게 집 안에 있는 모든 것을 넘긴다고 하셔놓고 손바닥 뒤집듯 말씀을 바꾸시다니요. 물건값이 문제가 아니라 이러시면 그쪽을 믿고 거래하기가 힘들지 않겠습니까? 저희 고객에게 파시겠다고 한 물건을 놓고 쇼핑을 하시면 되나요?"

그쪽 중개인은 자기가 무엇을 할 수 있을지 알아보겠다고 했다. 그쪽 중개인 역시 이 거래를 놓치고 싶지 않아 보였다. 몇 분 후 그에게서 전화가 왔다. "좋습니다. 담요 빼고 전부 포함해서 넘기시겠다고 하네요. 담요는 절대 포기 못 하신답니다." 뭐라고? 유니콘 털로 짠 담요라도 되는 건가? 마법의 힘이라도 있나?

"이보세요. 새 담요를 사드리겠다고 하세요. 어떻게 생긴 건지 사진을 찍어 보내시면 제가 똑같은 제품으로 하나 사드리죠. 더 좋은 제품을 원하시면 뜻대로 해드리겠습니다. 장인이 한땀 한땀 직접 짠 담요든, 그보다 더한 걸 원하시든 제가 구해다 드린다고요. 담요가 뭐가 그렇게 중요하답니까?" 이렇게 큰 거래가 담요 한 장 때문에 성사되지 않을지도 모른다고 생각하니 기가 막혔다. 다섯 살 꼬마랑 거래하는 기분이었다.

수화기 너머에서는 몇 초간 침묵이 흘렀다. "라이언 씨, 담요는 정서적인 이유 때문인 것 같아요. 담요는 절대 포기가 안 되나 봅니다." 농담인가 싶었다. 대체 어떻게 이런 일이 일어날 수 있는지 이해가 되지 않았다. 세바스찬한테 이 일을 어떻게 설명해야 할지 감도 잡히지 않았다.

■ 열 번째 코드 ■

고객이 어이없는 요구를 할 때는
돈이 아니라 주도권의 문제라는 것을 기억해라.

내가 배운 것이 한 가지 있다. 별로 치명적으로 보이지 않는 문제라도 심각하게 곪으면 일을 마무리하는 데 영향을 미쳐 결국은 계약이 파기될 수도 있다는 것이다. 그들이 요구하는 것은 단순히 담요가 아니었다. 나는 그 담요가 '전염성 강한 문제'라고 생각했다. 이런 작은 문제는 나타나는 즉시 제거하지 않으면 당신의 거래를 망치고 당신을 피폐하게 만들 것이다. 우리가 만약 담요를 포기하겠다고 하면 그들의 탐욕만 채워주는 꼴이며, 요구는 점점 커질 것이었다. 전염성 강한 문제가 시작될 때 포착되는 흥미로운 증상들이 몇 가지 있다. 나는 이를 '3R'로 정리한다.

첫째, 망설임Reluctance이다.
상대방이 물건을 순순히 넘겨주지 않는다. 예를 들면 다음과 같다. "제가 정말 좋아하는 자전거이지만 팔겠습니다. 하지만 안장이랑 손잡이는 제가 가지고 싶은데, 이해하시죠?"

둘째, 반응Reaction이다.

문제의 상대방은 정상적인 요구에 비논리적으로 대응한다. 이 반응은 문제가 해결되지 않으면 더 극단적인 반응을 보일 수 있다는 경고 표시다. "왜 안장이랑 핸들까지 팔라고 계속 우기시는 건가요? 어차피 타고 다닐 수는 없겠지만, 그냥 안장과 핸들 없는 반쪽짜리 자전거로 만족할 수는 없으시겠어요?"

셋째, 취소Retraction다.

문제를 일으키는 상대방은 언제든 거래를 취소할 준비가 되어 있다. 이 증상은 치료하기가 힘들다. 이들은 거래를 무르고 당신이 시간을 낭비하게 할 방법을 끊임없이 찾는다. 결국 당신은 수수료를 구경도 할 수 없을 것이다.

이 거래를 계속 진행하려면 담요 문제를 빨리 마무리해야 했다. 전염성 강한 문제를 신속하게 확인하고 해결하는 방법을 배우면 거래를 빨리 마무리 짓고 돈도 더 벌 수 있다. 그 상황에서 만약 내가 의견을 강력하게 표현하지 않으면 문제가 점점 커져서 상황이 이상한 방향으로 흘러갈 게 뻔했다. "음, 현관에 달린 고리쇠도 정말 아끼는 물건이고 저희에게 특별한 의미가 있어서 꼭 가져가야겠네요"라는 식으로 말이다. 게다가 그게 마지막 요구라고 장담할 수 있을까? 주방 수건이나 욕조를 요구할 수도 있지 않은가. 그렇게 몇 달을 끌려다니다가 결국 주방용 장갑으로 옥신각신한 끝에 거래가 중단될 수도 있을 것이다. 나는 그깟 담요 때문에 내 수수료를(그리고 내 에너지를) 빼앗길 수 없었다. 이 문제를 제대로 처리하지 않는다면, 전염성 강한 문제는 곧 거래가 끝나는 순간을 의미하게 될 것이다. 거래가 중간에 끝나버리면 아무것도 얻을 수 없다! 그렇게 되지 않으려면 '3C' 치료법을 시행해야 했다.

첫째, 침착Calm이다.

성공의 기운을 품고 있는 사람들은 침착함이 곧 힘이라는 사실을 안다. 세바스찬의 계약서에서 추가 조항을 발견했을 때, 나는 침착하지 못했다. 그날 사무실에서 약간, 아니 펑펑 울었던 것 같기도 하다. 하지만 전염성 강한 문제를 뿌리 뽑고 싶으면 다음 단계로 넘어가기 전에 우선 숨을 크게 들이쉬어야 한다. 상대방에게 어떻게 보이고 싶은지에 집중하자. 미친 사람처럼 소리를 지르고 싶은가? 그렇게 해서는 문제를 해결할 수 없다. 오히려 문제를 더욱 키우고 말 것이다. 나를 믿어도 좋다. 원하는 것을 얻으려면 침착하게 평정심을 유지해서 전염되기 쉬운 문제에 약점을 보이지 말아야 한다. 약점이 잡히면 결국 문제에 힘을 실어주게 될 것이다. 침착함은 곧 주도권이다. 본인의 생각을 명확하게 한 다음 결정을 내리고, 상대방에게 기대하는 바를 분명하게 전달하자. 주도권을 놓치지 않으면서 전염성 높은 문제에서 벗어날 수 있는 유일한 방법이다.

둘째, 통제Control다.

성공의 기운을 품은 사람들은 단호하게 선을 그을 줄 안다. 매도인이 약속을 어기고 담요를 요구하는 상황에서 내가 주도권을 잡지 않으면 다른 것을 빼앗기는 것은 시간문제다. 그리고 문제 상황은 곧 내 통제를 벗어나서 나는 계속 이상한 요구를 들어주어야 할 것이다(물론 돈은 한 푼도 벌지 못할 것이다). 문제가 커지지 않게 하려면 '불가침 영역'을 설정해야 한다. 이 거래에서는 저택의 인테리어가 불가침 영역이었다. 저택 인테리어에 관한 한 우리는 절대 물러설 수 없었다. 이미 합의가 끝난 내용이기 때문이다. 상대방에게는 안타까운 일이지만 자신의 의견을 밀고 나가야 한다. 그들이 거짓 눈물을 뚝뚝 흘리며 "하지만 내가 담요를 너무 사랑한단 말이에요! 없으면 죽을 것 같다고요!"라고 말할 수도 있다. 이럴 때 거래를 건강하게 유지하기 위해 약간의 진통제를 줄 수도 있다.

당신이 그래픽 디자이너이고 "홈메이드 고양이 간식에 쓸 상표를 만들어달라고 했는데, 수수료를 그렇게 받고 디자인을 세 개밖에 안 주시나요? 다섯 개는 주셔야죠! 고양이들은 특별하잖아요. 그리고 제 고양이들도 전부 스케치해주세요. 생일 카드로도 만들어주실 수 있나요?"라고 말하는 고객이 있다고 가정해보자. 디자인을 세 개 이상 만들지 않는 것이 당신의 '불가침 영역'일 수도 있지만, 당신의 처지에서 제시할 수 있는 다른 제안이 있다면 이렇게 말해보자. "제 수수료는 디자인 세 개만 포함된 금액입니다. 하지만 고양이들이 정말 사랑스러운 것은 사실이죠. 유기농 홈메이드 고양이 간식을 배송할 때 사용하실 수 있는 고양이 스티커를 제작해드릴 수는 있습니다." 성공의 기운을 품은 사람들은 문제가 커지는 것을 막기 위해 이런 식으로 명확한 선을 긋는다.

셋째, 설득Conviction이다.

설득은 전염성 강한 문제 때문에 계약이 중단되지 않게 하는 데 필요한 마지막 무기이자 필수적인 무기다. 단호하게 굴지 않으면 문제에 맞서 싸울 수 없다. 당신의 생각이 흔들렸다면, 예컨대 목소리 톤에서 확연하게 망설임이 묻어났거나 실수로 "글쎄요, 아마 괜찮겠죠"라든가 "이해합니다. 제가 뭘 할 수 있을지 생각해보죠"라고 했다면, 온몸으로 백기를 흔들며 "제가 방금 한 말은 진심이 아니니 마음 내키는 대로 하시죠"라고 외치는 거나 마찬가지다. 성공하는 사람들은 의사를 명확하게 전달한다. 문제가 커지지 않게 할 때뿐만이 아니라 언제나 그렇게 한다.

나도 어릴 때는 의사를 명확하게 전달하는 것이 얼마나 중요한지 이해하지 못했지만, 돌이켜보면 우리 아버지는 언제나 단호하셨다. 아버지는 일에 관한 것이든, 당신이 좋아하는 책에 관한 것이든, 동생과 내가 비디오 게임기를 가지면 안 되는 이유를 설명하실 때든 언제나 확신이 있었다. 아버지는 자신의 입장을 분명한 언어로 전달했고, 필요하면 여러 사실로 생각을 뒷받침하셨다. 토크쇼나 미디어 플랫폼에 나오는 사람들은 항상 설득력 있게 이야기한다. '전문가'라는 사람이 "야광 점프슈트가 이번 시즌을 리드하는 패션 트렌드가 될 것입니다. 잠시만요. 아마 원피스일 수도 있겠네요. 아니면 무지개색 탱크톱일 수도 있고요. 사실 뭐가 유행할지 확신이 서지 않네요"라고 버벅대는 모습을 보고 싶어 하는 사람은 없을 것이다. 의견이나 생각을 분명하게 한 다음 사람들에게 전달하자. 설사 당신이 틀렸더라도, 새로운 정보를 얻고 나서 생각을 바꾸게 되더라도, 적어도 언제나 분명한 자기만의 의견을 가질 용기는 있어야 한다.

—

말을 아끼자

—

나는 우리 팀원들에게 소통이 모든 문제의 열쇠라고 이야기한다. 집을 사고파는 일은 스트레스와 감정 소모가 심하다. 고객을 대신해 우리가 어떤 일을 하고 있는지, 예를 들면 우리가 어떤 결정을 왜 내리게 됐는지 또는 우리가 전체 과정의 어디쯤 있는지 계속해서 최신 정보를 전달하면 고객들의 불안을 잠재울 수 있다. 그러면 새벽 3시에 "라이언 씨, 큰일이에요. 제가 제시한 가격이 너무 낮았던 게 아닐까요? 어쩌다가 그 가격을 제시한 걸까요? 제 이웃은 7만 5,000달러나 더 받았다던데요. 그 집은 우리 집처럼 천장에 무지개색 페인트칠도 안 되어 있다고요! 전화 주세요"라는, 우는 이모티콘과 화난 이모티콘이 범벅이 된 메시지를 받지 않을 수 있다.

명확하고 솔직한 소통은 고객과의 관계를 돈독하게 한다. 그리고 내가 좋아하는 공짜이기도 하다. 성공적인 사업가가 되려면 언제나 솔직해야 하지만, 어떤 부분을 공유하고 어떤 부분을 비밀로 할지 선택해야 할 때가 있다는 것 또한 알아야 한다.

햄프턴 저택을 거래하면서 애를 먹었던, 세계에서 가장 비싼 담요가 좋은 예다. 은행이나 스포츠 구단, 아니면 알파카 농장을 살 수도 있는 고객에게 "안녕하세요, 잘 지내시나요? 저, 마음에 들어 하시던 햄프턴 저택 계약을 곧 마무리 지으려고 합니다. 그런데 지금 100달러짜리 담요 때문에 문제가 생겼습니다. 어떻게 될지 알려드릴게요!"라고 굳이 이야기해야 할까?

절대 아니다. 그랬다가는 거래도, 고객도, 그가 소개해줄 수도 있었을 지인도 모두 잃고 말 것이다. 앞으로의 가능성을 따졌을 때 엄청난 손해다. 절대 그런 일이 일어나서는 안 된다. 세바스찬은 바쁘고 중요한 사람이고, 나는 시시콜콜한 문제까지 그에게 알려서 그를 귀찮게 하지 않을 것이다. 돈을 많이 버는 사람들은 고귀하신 자신들이 골치 아픈 문제 때문에 속 썩지 않도록 당신이 문제를 해결해주리라 믿는다. 이런 관계가 되려면 상대방에게 두터운 신임을 얻어야 한다. 물론 언제 선택적으로 소통해야 할지 결정하기는 쉽지 않다. 나는 우리 팀에게 'MAP' 전략을 사용해 모든 일을 제쳐놓고 고객에게 당장 전화를 걸어야 할 중요한 문제인지, 고객을 대신해 처리해야 할 문제인지 결정하라고 말한다. MAP 전략은 다음과 같은 체크리스트의 머리글자를 따서 만들었다.

첫째, 사안Material이다.

문제가 중대한 사안인가? 내 기준으로 매수인 또는 매도인이 결정을 달리하게 할 만한 사실인지를 뜻한다. 세바스찬은 담요 이야기를 듣고 불같이 화를 내겠지만, 그다지 중요한 사안은 아니었다. 담요는 집의 가치에 직접적으로 영향을 주지 않는다. 만약 집 아래 땅속에 용암이 흐르며 언제든 집을 뚫고 분출할 수도 있다면, 이 정보는 중요한 사안이다. 고객이 사려고 하는 2층짜리 집이 원래는 단층집이었다가 불법으로 2층을 올린 매물이라면 이 정보 역시 중요하다. 또는 지자체 허가 없이 집을 개조했다면 하던 일을 모두 제쳐놓고 고객에게 전화를 걸어야 한다.

생각해보자. 처리하고 있는 문제가 소득과 직접적인 연관이 있는가? 거래 또는 프로젝트에 큰 영향을 미치는가? 중요한 사안은 생사가 달린 정보일 수도 있으므로, 만약 이런 정보를 가졌다면 선택적으로 소통해서는 안 된다. 반면 중요하지 않은 정보라면, 괜히 고객에게 신경 쓸 거리를 던져주지 말고 하던 일을 계속하면 된다.

둘째, 방법Answer이다.

문제를 해결할 방법이 있는가? 이 상황이 해결되는 과정을 머릿속으로 그릴 수 있는가? 나는 담요 때문에 생긴 분쟁을 해결할 수 있다고 확신했다. 지난 몇 년 동안 어처구니없는 문제들을 수도 없이 해결해왔고, 이번 문제도 해결할 수 있다는 사실을 알았다. 만약 내가 방법을 못 찾는다면? 아마 당신도 이런 경험을 한 적이 있을 것이다. 하지만 이런 생각은 보통 쓸데없는 걱정일 때가 많다. 아직 답이 없다면 어떻게 답을 찾아야 할까? 경험이 더 많은 사람에게 도움을 구하자. 그들이라면 문제를 어떻게 해결할지 물어보자. 아니면 동료 중 가장 머리가 좋은 사람에게 가서 어떤 방안을 이야기하는지 알아보자. 세바스찬의 거래를 해결하기 위해 나는 협상을 잘하기로 정평이 난 신축 개발 사업부장 젠 알리스를 수시로 찾아가 여러 시나리오를 구상해보고 어떤 방향으로 처리할지 고민했다.

일을 처음 시작했을 때, 스물네 살짜리 투자 전문가 폴을 위해 코업Co-op(부동산의 한 형태로 소유권이 아닌 건물의 지분을 보유하여 입주할 권리를 가진다. 이사회의 승인을 거쳐야 세입자를 들일 수 있기에 거래가 까다로운 편이다-옮긴이) 월세를 찾은 적이 있다. 뉴욕시에서 코업 건물은 곧 규칙을 의미한다. 일반 월세 매물을 계약할 때와 과정이 완전히 다르다. 코업 건물에 입주하려면 신청서, 소득세 신고서, 인터뷰, 회사 추천서, 자기소개서, 대학 입학시험 점수, 혈액검사 결과서를 제출해야 하고, 옥상에서 1:1로 결투도 벌여야 한다(맞다. 내가 조금 과장했다. 그만큼 까다롭고 일이 많다는 얘기다). 결과적으로 나는 내가 무엇을 해야 할지 몰랐고, 이사할 집을 빨리 찾고 싶었던 폴은 답답해했다. 계약이 뜻대로 되지 않자 나는 얼어붙었고, 어디서부터 일이 틀어지기 시작했는지 감도 잡지 못했다. 건물 관련 담당자들이 왜 내 전화를 받지 않을까? 머릿속이 마비되는 바람에, 일이 저절로 풀려 폴이 문제없이 입주할 수 있게 되길 바라며 아무 노력도 하지 않는 실수를 저질렀다. 해결 방법을 찾지 못했으면서도 내가 고군분투하고 있다는 사실을 고객에게 알리지 않았다. 상황은 저절로 해결됐다. 고객은 내가 '최악의 중개인'이라며 욕을 퍼붓고는 건물 측에 직접 전화를 걸어 거래를 중단하고 말았다.

만약 문제를 해결할 답을 안다면 그렇게 하면 되고, 답을 모른다면 고객에게 전화를 걸기 전에 해결책을 찾아야 한다. 그러지 않으면 당신은 공을 받아줄 우리 편도 없는 빈 공간에 패스한 미드필더 신세가 되고 말 것이다.

셋째, 성격Personality이다.

어떤 사람과 거래하고 있는가? 모든 과정이 어떻게 돌아가는지 알고 싶어 하는 고객과 거래하고 있는가? 당신도 "매물에 관한 모든 정보를 자세히 알고 싶어 하시니까 말씀드리는데, 설명회를 하는 동안 주방 싱크대에 파리 한 마리가 앉았지 뭡니까. 물론 제가 해치웠고, 잠재적 매수인 중에는 아무도 보지 못했으니 잘 해결된 셈이지요?"와 같은 아주 시시콜콜한 정보까지 알길 바라는 사람들과 일해본 적이 있을 것이다.

어마어마한 돈을 벌게 해줄 거래나 고객을 원한다면 그가 무엇을 필요로 하는지 알아야 하며, 사람들의 요구가 저마다 다르다는 것을 이해해야 한다. 당신의 고객은 어떤 사람인가? 고객이 똥파리 한 마리에 대해서까지 알고 싶어 할 사람인가? 아니면 "필라테스 수업을 듣는 중에 그런 하찮은 문제로 맥이 끊겨야겠어요?"라고 말할 사람인가? 소통할지 말지 결정하기 전에 고객의 반응을 최대한 예측해봐야 한다. 상대방을 파악해라. 그러면 어떤 상황에서 어떤 대화를 하든, 주도권을 쥐는 사람은 당신일 것이다.

해가 서쪽에서 뜨지 않는 한 저택 주인 측의 '담요 게이트'는 성공할 수 없었다. 우리가 불가침 영역을 선포하기 위해 상대방 측 중개인에게 '담요 한 장 때문에 당장 계좌 이체로 손에 쥘 수 있는 4,000만 달러를 놓치게 수도 있다'고 차분한 목소리로 으름장을 놓고 나서야 그들은 정신을 차린 듯했다. 거기에서부터는 거래가 술술 풀렸다. 세바스찬은 어이없는 추가 조항이 들어가 있지 않은 계약서를 받게 됐고, 몇 주 후 그는 벽난로 앞에서 4,000만 달러짜리 담요를 덮고 위스키를 마시며 넋이 나가도록 멋진 해변 저택을 구매하게 된 것을 자축할 수 있었다. 나는 거래를 마무리 지은 후 그 집에서 하루를 보낼 수 있도록 초대해주지 않겠느냐는 문자를 보냈다. 하지만 그에게서는 아직도 답장이 없다.

7. 1,000분 규칙

테슬라 모터스 CEO 일론 머스크, 프로 농구 선수 스테판 커리, 아마존 설립자 제프 베조스, 전 프로레슬러이자 현 할리우드 영화배우 드웨인 존슨, 방송인 오프라 윈프리, 《해리포터》의 저자 조앤 K. 롤링과 우리의 공통점이 무엇인지 아는가? 하루에 똑같은 시간이 주어졌으며, 매일 그 시간을 자기 뜻에 따라 사용할 수 있다는 것이다. 하루는 24시간이므로 누구에게나 총 1,440분이 주어지는 셈이다. 자고 먹고 씻고 아이들과 놀아주는 시간을 빼고 나면 1,000분 정도가 남는다. 이 시간을 세상을 정복하거나, 돈을 벌거나, 책을 쓰거나, 마라톤 훈련을 하거나, 가족과 함께 보내거나, 친구와 술을 한잔하거나, 장을 보거나, 명상을 하거나, 빨래를 하거나, 넷플릭스를 보거나, SNS에 반려견 사진을 올려 자랑하는 데 사용할 수 있다. 매일 아침 일어나면 시간 은행에 따끈따끈한 1,000분이 생긴다고 생각해보자. 그 은행의 주인은 우리 자신이고 이 1,000분을 어떻게 사용할지는 우리의 책임이다. 우리는 매일 오프라 윈프리와 똑같은 시간을 가진 시간 부자다.

이제부터는 우리의 시간이 공짜로 주어진다고 생각해서는 안 된다. 시간을 돈처럼 생각한다면 마음가짐이 달라져 더는 허투루 쓰지 않게 될 것이다. 100달러짜리 지폐를 쓰레기통에 버릴 생각은 절대 하지 않는다. 주머니에 들어온 돈을 미련 없이 창밖으로 던질 수 있는가? 생산적이지 않은 일로 100분을 보내면 100달러 지폐를 한 장 버리는 거나 마찬가지다.

잠에서 깨는 순간부터 시간은 흘러간다. 이 소중한 시간이 어디에 사용되는지 주의를 기울여 관리하지 않는다면 시계는 어느새 저녁 9시를 가리키고 있을 것이고, 당신은 언제나 그렇듯 고객들에게 전화할 시간이 왜 없었는지 또는 지난주에 알게 된 새로운 고객에게 후속 연락을 할 시간이 왜 없었는지 어리둥절할 것이다. "하루가 그냥 지나가 버렸네." "정말 바쁜 날이었으니 내일 하면 되지 뭐!" 당신이 자주 하는 말인가? 만약 그렇다면 시간 먹는 하마가 주변을 어슬렁거리며 당신이 잠시 정신을 파는 동안 시간을 몽땅 축낼 기회를 호시탐탐 노리고 있기 때문일 것이다. 시간 먹는 하마가 무엇이고 어떻게 쫓아버릴지를 배우면, 하루를 원하는 대로 이끌어갈 수 있고 시간을 최대한 사용해 수익을 늘릴 수 있다.

시간 먹는 하마 1: 완벽주의

나는 사무실에 첫 번째로 출근하는 게 좋다. 오전 11시에 느긋한 걸음걸이로 한 손에는 샌드위치를 들고 귀에는 팟캐스트가 흘러나오는 이어폰을 꽂은 채 출근한다면, 동료들은 내가 '서두를 거 뭐 있어? 일하고 싶을 때 오면 되잖아?'라는 마음가짐으로 일한다고 생각할 것이다.

어느 날 아침 운동을 끝내고 7시 30분쯤 사무실에 도착했는데 팀원 중 하나가 벌써 컴퓨터 앞에 앉아 열심히 일하고 있었다. 열심히 한다고 생각하며 나도 이메일에 답장을 보내고 외근을 하기 위해 사무실을 나섰다. 사무실에 다시 들어갔을 때는 오후 6시 30분이었고 그녀는 여전히 아침에 앉아 있던 그 자리에 있었다. 완전히 일에 몰입한 얼굴이었다. 눈빛으로 원자를 쪼갤 수도 있을 것 같았다.

부재중 전화와 이메일에 답을 하고 회의까지 마치니 오후 8시가 됐다. 그 시간까지 그녀는 열심히 키보드를 두드리고 있었다. 아침부터 지금까지 대체 무엇을 한 걸까? 연극 대본을 쓰고 있는 걸까? 너무나 궁금해서 직접 물어보기로 했다.

"안녕하세요, 온종일 바쁘시네요? 일은 잘되고 있나요?"

그녀는 숨을 한 번 크게 들이쉬더니 답했다. "네. 고객에게 보낼 이메일을 완벽하게 쓰고 싶어서 열심히 하고 있어요. 찾을 수 있는 자료는 다 찾아보려고 자료 조사를 엄청나게 했네요. 고객을 설득해야 해서요!"

나는 그녀의 이야기를 듣고 마치 그녀가 외계에서 왔다고 고백이라도 한 것처럼 충격에 휩싸였다. 종일 이메일 한 통을 계속 수정하고 있었다고?

잘 소통하고 싶다는 마음은 이해하지만, 결과를 얻지 못한다면 이메일을 얼마나 완벽하게 쓰든 소용이 없다. 게다가 그렇게 기본적인 업무를 12시간 동안 붙잡고 있으면 과연 결과를 얻을 수 있을까? 분으로 따지면 720분이니 엄청난 시간, 즉 돈을 소비한 셈이다. 정보 과다로 인한 분석 불능의 늪에 빠졌거나 완벽한 덫에 걸린 탓이다. 완벽주의의 함정은 눈 깜짝할 새에 1,000분을 빼앗아 가 우리를 빈털터리로 만든다. 이메일 한 통에 하루를 꼬박 쏟아부으면 다른 일을 할 시간이 하나도 안 남는다. 그녀는 고객이 원하는 이스트 빌리지의 매물을 보러 가지 못했을 뿐 아니라 인맥을 쌓을 기회인 모임에도 참석할 수 없었다. 모임에서 거물급 고객을 몇 명이나 만날 수 있었을지는 알수 없지만, 사람을 만나는 직업을 가진 사람이 새로운 사람을 한 명도 만나지 않았다니 절대 안 될 일이다. 이제 그녀에게는 집에 가서 땅콩버터 샌드위치를 먹고 입었던 옷을 바닥에 던지듯 벗어놓고 침대로 뛰어드는 것 말고 더는 할 수 있는 일이 없다. 완벽주의자인 그녀에게 전혀 완벽하지 않은 하루가 되는 셈이다.

분석 불능은 열심히 일하는 사람들이 잠재 수익을 만질 수 없게 하는 병이다. 이 병이 있는 사람들은 머리를 쥐어짜며 분석하고 생각도 너무 많이 한다. 시간은 공짜이고, 열심히 노력하면 그 결과로 돈이 따라오는 거라고 생각하기 때문이다. 하지만 틀렸다. 시간은 공짜가 아니고, 설사 그녀의 이메일이 완벽하더라도 좋은 성과로 이어질지는 누구도 알 수 없다. 완벽주의자의 함정에 빠지면 돈과 시간이 더 든다. CEO가 회사를 돌보는 마음으로 하루를 돌아본다면 이런 사실이 더 똑똑히 보일 것이다.

완벽주의에 지배당하면 하루하루를 낭비하게 될 것이다. 완벽주의는 피하고 탁월함을 위해 노력하는 데 익숙해져라. 완벽주의가 미신이라면 탁월함은 진짜다.

■ 열한 번째 코드 ■

더 큰 목표를 달성하고 최고로 성공하고 싶다면

완벽주의는 반드시 버려라.

당신이 생각하는 우수한 삶은 상을 받거나, 성공적으로 사업체를 이끌거나, 자녀를 올바르게 교육하는 삶을 의미할 것이다. 우수함이란 성취할 만한 높은 기준이 있다는 의미다. 우수함을 추구하면 시간을 허비하지 않고 성과를 얻을 수 있을 것이다. 우리에게는 두 개의 선택지가 있다. 생산적인 하루를 보낸 후 집으로 돌아가서 뿌듯한 마음으로 가족과 함께하는 삶을 살거나, 눈물 젖은 샌드위치로 대충 허기를 때운 다음 종일 아무것도 한 게 없어 찝찝한 기분으로 바닥에 쌓인 옷더미를 밟으며

침실로 가 그대로 쓰러져 가는 것이다. 어떤 삶을 살고 싶은가?

완벽주의자의 함정에 잘 빠지는 사람이라면 함정에서 빠져 나오는 데 도움이 될 만한 다음의 방법이 도움이 될 것이다. 이른바 'TAG' 가이드다.

첫째, 신뢰Trust다.

무엇을 해야 할지 자신이 잘 안다고 믿어라. 너무 과하게 생각하면 완벽주의로 빠지게 된다. 당신은 업무를 처리할 충분한 능력을 갖추고 있다. 너무 많이 생각하지 말고, 업무를 어떻게 정복할지 계획을 세워라. 우선 목표를 적고 업무를 끝내는 데 필요한 단계를 나열해보는 것이다. 이제부터 당신의 목표는 '실행'이다. 대형 투자 은행의 트레이더가 거래를 체결하듯, 당신도 매일 주어지는 1,000분 동안 결단력 있게 계획을 실천하면 된다.

둘째, 물어보기Ask다.

자신보다 아는 게 많은 사람과 이야기해라. 동료 중에서 찾을 수도 있다. 실수를 할까 봐 겁이 나거나 프레젠테이션 자료가 요점을 정확히 짚고 있는지 확신할 수 없다면, 완벽주의자가 아니면서 신뢰할 만한 동료에게 피드백을 달라고 부탁해라. 언제든 연락할 수 있고 결단력이 있는 사람이어야 한다. 과하게 생각하는 버릇이 있는 지인에게는 도움을 요청하지 마라. 둘 다 완벽주의라는 깊은 함정에 갇혀 영원히 빠져나오지 못할 것이다.

셋째, 시간제한 주기Give다.

'이메일은 2분', '파워포인트 프레젠테이션은 1시간' 같은 식으로 작업마다 시간제한을 설정해라. 이렇게 하면 시간이 동나지 않고 작업을 신속하게 처리할 수 있도록 뇌를 훈련할 수 있다. 모든 일과 행동에는 시간이 들고, 시간은 곧 돈이다. 쓰지 않았어도 될 10분을 더 썼는가? 10달러가 사라진 거나 마찬가지다. 진짜 10달러짜리 지폐였다면 과연 그렇게 쉽게 없앴을까?

완벽주의자의 함정에서 빠져나왔다는 명확한 신호가 있고, 그런 신호는 여러 가지 결과로 나타난다. 할 일 목록을 빠르게 처리할 수 있게 됐는가? 할 일이 늘었는가? 돈을 더 많이 벌고 있거나, 고객을 더 확보했거나, 사업 매출이 늘어나고 있는가? 아직도 업무를 제때 끝내지 못하고, 사람들의 도움을 받을 생각을 하지 않으면서, 돈도 벌지 못하고 있다면 여전히 문제가 있다는 뜻이다. 맡은 일을 모두 확실하게 처리하는 능력을 발휘할수 있을 때까지 TAG 가이드를 따르자.

—

시간 먹는 하마 2: 레드존

—

고객 설명회는 보통 위험하지 않지만, 문제가 생길 때도 있다. 밝은색 카펫에 더러운 신발 자국이 남는 건 예사이고, 반짝거리는 가전제품에 지문이 선명하게 찍히거나 참견하기 좋아하는 사람들이 벽장 안으로 슬쩍 들어가는 경우가 있는가 하면, 심하게는 변기가 막히기도 한다. 하지만 웨스트 22번가에 있는 아파트에서 발생한 일만큼 드문 사례도 없을 것이다.

헤더는 500만 달러를 가지고 웨스트 22번가에 첫 집을 구하고 있었고, 그녀로서는 매우 큰 거래를 마무리 짓기 전에 아버지와 함께 집을 보고 싶어 했다. 그녀의 아버지는 집주인이라도 되는 것처럼 행동했다. 냉장고를 열어 안을 샅샅이 살폈고, 식기세척기 역시 마찬가지였다. 가스레인지 화구 여덟 개를 모두 켜보기도 했다. 나는 마치 범죄 현장에 들어온 것처럼 천 조각을 들고 그의 뒤를 따라다니며 그가 여기저기 묻혀놓은 지문을 지웠다.

내가 전자레인지 앞쪽을 닦고 있을 때 "아니 이건 뭐지?"라고 외치는 소리를 들었다. 그녀의 아버지는 벽에 매몰된 냉난방기 조절기 문을 가리키고 있었다. 크기가 조금 크기는 했지만, 거의 눈에 띄지 않았다. 그 아파트에 살았던 '꼼꼼한 주인'은 비싼 돈을 들여 장인을 고용해 베네치아식 덮개를 맞춤 제작했고, 냉난방기 조절기는 흉물스럽지 않으면서 완벽하게 마감된 벽과 이질감 없이 잘 어울렸다. 내가 정중하게 만지지 말아 달라고 부탁하기도 전에, 그는 장인이 만든 냉난방기 조절함 덮개를 벽에서 떼어낸 다음 그 안을 관찰하기 시작했다. 이탈리아산 고급 덮개가 바닥으로 떨어졌고, 내 가슴도 철렁 내려앉았다. 일이 완전히 틀어질 수도 있는, 전혀 예상하지 못한 상황이었다. 내가 거래에 투자한 노력을 누군가가 바닥으로 내동댕이치고 발로 밟아 산산이 조각낸 다음 침을 탁 뱉은 것 같은 느낌이었다.

꼼꼼한 집주인에게 집을 보여주는 동안 벌어진 일을 이야기하자 그들은 머리끝까지 화가 났다. "라이언 씨! 장인을 데려다가 그 덮개를 만들려고 얼마나 힘들었는지 아시죠? 이탈리아에서 직접 데려와야 했다고요! 너무 화가 나서 무슨 말을 해야 할지조차 모르겠네요." 설상가상으로 물건이 벽에서 그렇게 쉽게 떨어지는 집에 500만 달러나 쓸 수 없다며 거래를 취소하겠다는 그녀 아버지의 연락을 받게 됐다. 수수료여 안녕, 시간이여 안녕!

일하다 보면 안 좋은 일이 생기게 마련이다. 누구나 그렇지만 나도 프로젝트나 거래를 성사시키지 못할 때가 있다. 맡고 있던 매물을 잃거나 매수인이 연락을 끊거나 입주하기로 한 코업 건물의 반려견 무게 제한보다 매수인의 강아지가 더 무거워서 문제가 되기도 한다(뉴욕시에 있는 대부분 건물에서 반려견을 기를 수 있지만 무게 제한이 있다. 농담이 아니다. 사람들은 건물에 입주하기 위해 개에게 운동선수 훈련에 버금가는 혹독한 다이어트를 시키기도 한다). 이런 문제들은 내 달력을 '레드존'으로 만든다. 레드존은 수입을 늘릴 수 없게 하는 원인을 말한다. 레드존에서 벗어나려면 급한 불을 끄고, 손해를 복구하고, 집에 남겨진 손자국 때문에 실망한 고객을 달래는 데 시간을 바쳐야 한다.

반려동물 미용실을 운영하는데 직원이 착각해서 다른 개의 털을 다듬었는가? 레드존에 들어온 것을 환영한다. 정성을 쏟아

146

음식을 준비했는데 고객이 라이벌 식당에 일을 맡겨서 화가 났는가? 속상하지만, 최고의 음식을 준비하기 위해 쏟은 그 시간은 레드존이다. 레드존은 당신을 지치고 당황스럽게 하며, 고함을 지르거나 울거나 둘 다 하고 싶게 할 것이다. 나도 그 기분이 어떤지 잘 안다. 고객이 전화를 걸어 "시간을 내서 브루클린에 있는 집을 구경할 수 있게 해주셔서 감사합니다. 그런데 저희는 목장을 운영하고 싶어졌어요. 그래서 와이오밍주로 이사하려고요. 1,200만 달러짜리 저택은 사지 않기로 했습니다"라고 말하면 나도 울고 싶어진다. 그럴 때면 진짜로 우는 대신 레드존을 벗어나 긍정적인 일상으로 돌아오기 위해 'CPR'을 시행해야 한다(통제, 관점, 제자리 찾기를 뜻하는 영단어의 앞글자를 따서 만들었다).

첫째, 통제Control다.

목장을 운영하고 싶다는 고객의 강한 열망처럼 우리 힘으로 통제할 수 없는 요소가 있는가 하면, 통제가 가능한 요소도 있다. 일테면 하루를 얼마나 바쁘게 보낼지는 얼마든지 통제할 수 있지 않은가. 회의를 하루에 몇 번이나 할지, 홍보 전화는 몇 통이나 걸지, 잠재 고객에게 후속 연락을 하는 데 시간을 얼마나 들일지는 마음먹기 나름이다. 바쁘게 살기 위해 노력하자. 새로운 일거리를 찾을 기회를 만들자. 일에 집중하다 보면 일로써 치유받을 수 있다.

둘째, 관점Perspective이다.

문제를 보는 관점을 바꾸자. 문제를 예상하자. 성공하려면 위험을 감수해야 하고, 그 과정에서 실패와 실망을 경험하게 된다. 직원이 털이 다 빠져가는 개의 털을 밀어놓는 바람에 개 주인에게 사과 전화를 하는 데 1시간, 그 직원에게 개 미용 규칙을 교육하는 데 30분을 들여야 하더라도 당연히 해야 할 일이라고 생각해보자. 아직 시간은 충분히 있다. 주머니에 1,000달러가 있는데 90달러를 잃어버렸다고 해서 "이런 젠장. 어차피 이렇게 된 거가진 돈을 싹 버려야겠어!"라고 말하지는 않을 것이다. 상식적으로 그런 행동을 할 사람은 없다. 그 순간을 20년 동안 기억하고 싶은가? 아마 아닐 것이다. 사실 별일도 아니다. 평생 이어질 문제가 아니라 잠시 벌어진 해프닝일 뿐이다. 나쁜 일은 반드시 일어나게 되어 있고, 실패할수록 성공에 더 가까이 다가갈 수 있다. 언제든 실패를 예상하자. 그리고 더는 분노에 집중하지 말자.

셋째, 제자리 찾기Re-engage다.

다시는 이런 일이 없을 거라며 사과하고 다음번에 강아지 미용을 맡길 때는 돈을 받지 않겠다고 약속해서 고객의 화를 달랬다면, 전화를 끊고 사무실 문을 닫은 뒤 책상에 얼굴을 묻은 채 엉엉 울어서는 안 된다. 성공의 기운이 충만한 사람은 이렇게 자신을 딱하게 여기며 시간을 보내지 않는다. 소중한 시간을 혼자 훌쩍이며 보내고 싶은가? 자신을 동정하며 신세 한탄을 할게 아니라 제자리를 찾는 데 시간을 써라. 나는 거래가 취소되면 새로운 개발업자에게 연락해서 내 소개를 하거나 연락처에 저장된 따끈따끈한 번호에 전화를 걸어 부동산 거래를 멋지게 성사시키는 나의 원래 일상에 집중하려고 노력한다(참고로 나는 고객의 전화번호를 이렇게 분류한다. '따끈따끈 = 집 거래에 관심이 있는', '뜨거운 = 거래할 매물을 찾고 있는', '차가운 = 거래에 아직 관심이 없는'). 주식에 투자하는 사람들은 시장이 좋지 않으면 손해를 보기도 하지만 동시에 공격적으로 투자할 시기로 생각하기도 한다. 당신도 재투자를 해라. 손해를 발판 삼아 기회를 잡을 수 있도록 더 열심히 노력하면 된다.

—

시간 먹는 하마 3: 과한 업무
—

일요일 오후, 이메일이 굉장히 많이 왔다. 받은메일함은 잡초가 무성하게 자란 정원 같았다. 잡초가 너무 많이 자라서 꽃이 보이지 않을 정도였다. 즉시 답해야 하는 거래 제안 관련 이메일, 잠재 고객이나 궁금증이 많은 매도인이 보낸 이메일, 방송 촬영과 관련된 이메일, 개발업자·변호사·고객이었던 사람들의 이메일, 우리 팀원들이 보낸 이메일과 스팸 메일들이 엄청나게 쌓여 있었다. 이메일은 내가 성공적으로 일을 해내는 데 중요한 역할을 한다. 내 고객은 전 세계 곳곳에 있고, 이메일 덕분에 나는 사업을 효율적으로 해나갈 수 있다. 그러니 놓치는 이메일이 없도록 항상 주의해야 한다. 그래서 나는 이메일을 각 폴더에 신중하게 정리해 필요할 때나 후속 연락을 할 때 고객 또는 거래에 관한 정보를 빨리 찾을 수 있게 해둔다. 나는 죽을 때까지 후속 연락을 손에서 놓지 않을 것이고, 매주 후속 연락을 하기 위해 따로 시간을 낼 것이다. 일정표에 후속 연락을 할 시간을 표시해둔 적도 있지만, 이제는 완전히 습관이 되어 적어둘 필요도 없게 됐다. 나는 규칙적으로 끊임없이 후속 연락을 한다.

알아두면 쓸 데 있는 상식 퀴즈를 하나 풀어보자. 마이크로소프트와 애플이 밝힌 아웃룩 이메일 계정 폴더가 가장 많은 사람은 누구일까?

1. 애플 CEO 팀 쿡
2. 싱어송라이터 테일러 스위프트
3. 부동산 중개인 라이언 서핸트

정답은 3번이다. 바로 나다! 마이크로소프트와 애플 고객센터에서 내가 지구상에 있는 어떤 사람보다 아웃룩 계정에 폴더가 많다는 것을 알려줬을 때 나는 궁금했다. 과연 이메일을 분류하는 데 시간을 쏟는 것이 효율적인 방법일까? 시간을 현명하게 사용하고 있는 걸까? 그래서 나는 내 시간이 어떻게 사용되고 있는지 알아보기로 했다. 그래서 며칠 동안 15분 간격으로 시간이 어떻게 사용되고 있는지를 검토했다. 15분마다 무엇을 하고 있는지, 그러니까 전화를 받고 있는지, 뭔가를 먹고 있는지, 이를 닦고 있는지, 아니면 회의를 하고 있는지 종이에 적었다. 시간이 실제로 어떻게 쓰이는지 더 확실하게 확인하고자 3일 동안 세세히 적었다. 이를 검토하는 데 들인 시간은 그만한 가치가 있었다. 들인 시간의 몇 배를 아낄 수 있었으니 성과가 좋은 투자를 한 셈이다.

나는 곧바로 조치해야 할 업무 몇 가지를 발견했다. 계산해놓고 보니 일주일에 자그마치 10시간을 이메일을 정리하는 데, 8시간을 자금 출납을 관리하는 데 쏟고 있었다. 이메일을 정리하고 돈 관리를 하는 데 일주일에 1,080분이나 쓰고 있었다니 믿을 수가 없었다. 일할 때는 시간이 그렇게나 많이 드는지 몰랐는데 막상 따져보니 두 가지 업무 때문에 일주일에 하루를 꼬박 날리고 있었다. 내 시간을 그런 곳에 사용하는 것은 현명한 선택이 아니었다. 그 시간에 고객을 더 만나고, 거래를 더 성사시키고, 수익을 늘려야 했다.

나는 내 회계사와 직접 소통하며 부기 업무를 책임져줄 경리를 고용했고, 이메일 정리를 맡기기 위해 '이메일 관리의 신'이라 불리는 재스퍼를 고용했다. 경리는 내 업무 목록에서 수수료와 수입에 관련된 엑셀 업무를 전부 맡았다. 나는 수입 명세를 관리하거나 일에 대한 대가를 제때 받는지 확인할 때 무척 꼼꼼한 편이고 돈에 관한 모든 사항을 직접 통제해야 마음이 편한 사람이었다. 하지만 이제는 시스템에 따라 경리가 나 대신 품이 많이 드는 일들을 모두 처리한다. 매주 그가 보내주는 명세서를 훑어보고 승인한다. 단 15분이면 확인을 마칠 수 있다. 모든 일을 나 혼자 처리할 때와 비교해 매주 480분을 아끼게 됐으니, 내가 시간을 어떻게 사용하는지 검토하느라 들인 시간을 투자라고 생각하면 처음 한 주 동안에만 320퍼센트의 수익을 거둔 셈이다. 이메일 담당자 재스퍼와 나는 함께 이메일 정리 시스템을 만들었다. 내가 받은메일함에 있을 필요가 없는 이메일을 보관함에 넣어두면, 그는 저녁에 보관함에 있는 메일들을 고객·거래·사업체별로 정리한다. 이제 나의 받은메일함에는 바로 답이 필요한 긴급한 이메일만 남게 되고, 나는 다른 볼일이 있을 때만 정해진 폴더로 가서 정보를 찾으면 된다. 이 방법은 후속 연락을 하고 일을 처리하는 데 도움이 많이 된다. 나는 재스퍼에게 이메일 정리를 맡기는 대가를 지불하고, 그는 내가 지불한 돈의 값어치를 충분히 하고 있다.

예전의 나는 시간을 잘못 사용하면 손해를 볼 수 있다고 생각하지 않았고, 두 가지 업무를 처리하는 데 돈 대신 시간을 썼다. 하지만 내가 시간을 어떻게 사용하는지 검토하고 난 다음에는 1,080분을 아끼기 위해 경리와 재스퍼에게 매달 지급하는 몇천 달러가 그 값어치를 충분히 한다는 사실을 알게 됐다. 시간은 돈이다. 사업의 기본이기도 하다.

시간이 돈이라고 생각하기 시작하면 더 주의해서 사용하게 된다. 당신의 시간을 어떻게 사용하고 있는지 검토하는 것부터 시작하자. 15분마다 자신이 무엇을 하고 있는지 2~3일 동안 확인해보라. 결과를 보고 놀랄지도 모른다. 유튜브로 귀여운 강아지와 아기 동영상을 보는 데 100분을 쓰고 있지 않은가? 빨래하는 데 300분을 쓰고 있지는 않은가? 시간은 소중하고, 우리는 소중한 시간을 어디에 쓸지 결정해야 한다. 마땅히 써야 할 영역에 전혀 시간을 안 쓰고 있지는 않은가? 새 거래처를 찾는 데 일주일에 고작 20분을 쓰고 있다면 시간 예산을 다시 설정해야 할 때다. 업무를 어떻게 처리할지 정해 시간이 돈을 벌어다 줄 수 있게 하자.

이메일 관리 고급 기술 익히기

나는 마이크로소프트의 아웃룩 메일을 사용한다. 여러 가지 이메일을 사용해본 결과, 아웃룩 메일이 사업하는 사람에게 가장 편하고 G메일이나 다른 어떤 메일보다 정리하기도 편하다는 결론을 얻었다. 거래처와 기회를 늘릴 수 있는 효과적인 이메일 관리 비법이 있다면 첫째도 폴더, 둘째도 폴더, 셋째도 폴더다. 나는 받은메일함 폴더를 다음과 같이 몇 개의 카테고리로 나눴다.

- 진행 중인 거래
- 진행 중인 프레젠테이션
- 관리 업무
- 시간 날 때 답장하기
- 최신 고지서
- 중요
- 긴급
- 자동 분류된 중요하지 않은 메일(모르는 사람에게서 온 경우)
- 답장 없음(이메일을 보냈으나 수신자가 응답하지 않은 경우)

받은메일함으로 들어온 이메일들은 내가 언제 어느 폴더에든 접근할 수 있도록 내가 가진 모든 기기에 동기화된다. 컴퓨터에는 모든 고객·매물·거래처, 모든 연도의 모든 이벤트에 해당하는 폴더들이 따로 만들어져 있다. 재스퍼가 이메일을 분류해주는 덕분에 나는 장기적으로 시간과 돈을 아낄 수 있게 됐다. 우리는 미래의 자기 자신을 위해 일하며, 미래의 우리는 이메일을 뒤적일 시간이 없는 바쁜 사람이라는 것을 잊지 말자.

나는 사진도 이메일과 똑같이 관리한다. 내 사진은 주제나 이벤트에 따라 폴더별로 정리된다. 이렇게 하면 어떤 사진을 언제 찍었는지 기억해낼 필요가 없다.

경력을 몇 단계 업그레이드하고 가까운 미래에 반드시 억만장자가 되고 싶다면 업무를 분류할 필요가 있다. 과업 분류 시스템은 당신이 해야 할 일들 때문에 과하게 스트레스를 받지 않도록 긴급한 정도에 따라 업무를 세 가지 카테고리로 나눈다.

▪ 당장 시간을 들여야 하는 업무

당장 시간을 들여야 하는 업무에는 우수 고객 또는 사업을 함께하고 싶은 개발업자에게서 온 전화나 연락을 받는 업무 등이 포함된다. 나에게 상당한 수수료 또는 새로운 거래처를 가져다줄 수 있는 업무에 먼저 시간을 쓴다. 새로운 거래처는 수입을 늘릴 잠재력을 가지고 있으므로, 시간 대부분을 여기에 쏟는 것이 좋다.

▪ 1초도 쓰지 말아야 하는 업무

두 번째 카테고리에 들어가는 업무는 시간을 축내는 업무다. 이 카테고리에 자신이 싫어하거나 하고 싶지 않은 일을 슬쩍 집어넣어서는 안 된다는 사실을 짚고 넘어가야겠다. 일을 처리하려면 달갑지 않은 업무도 해야 할 때가 있고, 이런 업무를 피해서는 안 된다. 나도 계약서를 산더미처럼 쌓아두고 '와, 정말 재미있겠다'라고 생각하지는 않는다. 하지만 계약서는 내 일의 일부이기 때문에 반드시 읽어야 하며, 내가 원하든 원하지 않든 시간을 들여야만 한다.

아예 시간을 들이지 말아야 하는 업무란 다른 사람이 당신을 대신해 완벽하게 처리할 수 있는 업무다. 자신이 좋아하던 일을 다른 사람에게 맡기기가 망설여질 수도 있고, 적임자를 구하기가 어렵다고 생각할 수도 있다. 나도 이메일 정리하는 사람을 따로 두기 전에 고민을 많이 했다. 다른 사람이 과연 내가 원하는 방식으로 이메일을 정리할 수 있을까? 답은 '그렇다'였다. 잠시 시간을 투자해 내가 원하는 이메일 분류 방식을 보여준 후로는 이메일을 분류하는 간단하고 직관적인 업무에 시간을 쓰지 않게 됐다. 원래 이메일을 처리하는 데 들었던 600분은 당장 시간을 들여야 할 업무를 처리하는 데 사용할 수 있다. 물론 부기 업무와 이메일 분류 업무를 처리하는 사람을 고용하려면 비용이 들지만, 두 가지 업무를 처리하는 데 매달 2,500달러를 들이는 대신 나는 훨씬 더 높은 수익을 제공하는 다른 일에 집중할 수 있다. 그렇게 더 벌어들인 수익은 1,080분을 사는 데 들인 비용을 충당하고도 남는다.

▪ 나중에 시간이 날 때 처리할 업무

전화 통화를 예상보다 10분 일찍 마쳤다면 다른 일을 할 수 있는 보너스 시간 10분이 주어진 셈이다. 나는 처리할 업무 목록을 항상 가지고 다니는데, 보너스 시간이 주어질 때마다 뉴스를 읽거나 소셜 미디어를 확인하면서 시간을 낭비하지 않기 위해서다. 보너스 시간 동안 처리할 업무에는 고객에게 새로 이사한 아파트는 어떤지 묻는 안부 전화(중요한 고객 관리), 블로그에 올릴 다음 글에 대한 아이디어 짜기(중요한 브랜딩 작업) 등이 있다. 생각보다 차가 막히지 않는 날에는 회의에 들어가기 전에 차 안에서 남는 시간을 현명하게 사용하려고 노력한다. 이런 자투리 시간을 전부 모으면 꽤 긴 시간이 되고, 이 시간 동안 열심히 일해서 수입을 늘릴 수 있다. 당신의 경쟁자가 커피를 마시러 가거나 도넛을 사는 데 보너스 시간을 쓸 때 당신은 그 시간을 알차게 활용한다면 그들보다 앞서나갈 수 있을 것이다.

하루가 24시간보다 길었으면 좋겠다고 생각한 적이 있다. 다들 불가능한 일이라고 하기에 나는 시간이 충분하지 않다고 투덜거리는 대신 매 순간을 내 뜻대로 사용하기로 했다. 성공을 향한 여정에서 당신은 시간 은행의 CEO라는 사실을 기억하길 바란다. 매일 주어지는 1,000분을 미래의 자신을 위해 사용하든 목표를 정복하는 데 사용하든, 그것은 당신에게 달려 있다. 우리는 모두 시간 부자이고, 게다가 매일 새로 채워진다. 현명하게 사용하면서 할 일을 처리하자. 그러면 성공한 버전의 자신에게 성큼 다가갈 수 있을 것이다.

8. 위험을 감수하자

로버트 씨의 펜트하우스는 정말 멋진 매물이었다. 내부는 아름답게 개조되어 있었고 창문 너머로 보이는 센트럴파크 뷰가 아주 장관이었다. 뉴욕 시내에 있는 집을 몇백 채는 봤지만, 이 집은 뭔가 달랐다. 아파트에 있는 모든 물건을 한 번씩 만져보고 싶었다. 주방의 식탁은 매우 길고 파리도 미끄러질 만큼 매끈하고 반짝거렸다. 식탁 위에 올라가서 미끄럼을 탈 수 있는지 확인해보고 싶을 정도였다. 벽은 스웨이드 벽지가 발라져 있어 손으로 한 번 훑고 지나가야만 할 것 같은 충동이 일었다. 선반에는 색색의 아름다운 공예품들이 '만져보세요! 만져보고 싶죠?'라며 나를 유혹했다. 안에 담긴 평범한 레몬마저 작품으로 보일 정도로 우아한 그릇에 손을 뻗었을 때, 로버트 씨가 "음, 그러지 않으시는 게 좋을 겁니다"라며 나를 말렸다. 나는 네 살짜리 아이처럼 "죄송합니다!"라고 사과했고, 로버트는 비싸 보이는 멋진 소파를 가리키며 앉으라는 손짓을 했다. "아, 정말 앉아도 되나요? 정말요?"라고 말하자 그가 고개를 끄덕였고, 나는 소파가 유리로 만들어져서 무게를 완전히 실어 앉으면 깨지기라도 할 것처럼 아주 조심스럽게 앉았다. 나는 사방을 둘러보면서 방 안에 있는 미술 작품, 화병, 책, 가구 같은 모든 공예품이 정교한 계획에 따라 놓였다는 사실을 깨달았다. 그는 꽤 까다로운 사람 같았다.

"라이언 씨, 펜트하우스 A를 좋은 가격에 파셨다는 이야기를 듣고 연락드렸습니다." 나는 얼마 전 그의 집 맞은편에 있는 펜트하우스를 775만 달러에 팔았다. "이 집은 800만 달러에 팔아주세요." 이 집도 물론 정말 멋지지만 펜트하우스 A는 센트럴파크가 보이는 창이 일곱 개(집이 비싼 데는 이유가 있다)나 있는데 여기는 뷰가 있는 창이 한 개뿐이라고 설명하기도 전에, 그는 칸마다 조명이 들어오는 찬장을 갖춘 홈 바와 타조 깃털 문고리가 달린 최고급 주방 가구를 비롯해 자신이 어떤 시설과 장비를 추가했고 어떤 부분을 개조했는지에 대해 독백을 늘어놓기 시작했다.

나는 잠자코 그의 말을 들었다. 좋은 정보였다. 하지만 센트럴파크 근처에 있는 집을 거래할 때 가격에 영향을 미치는 딱 한 가지 요소는 센트럴파크가 얼마나 보이느냐다. 그의 민들레 모양 샹들리에가 아무리 비싸고 귀중한 것이라고 해도 내가 최근에 팔았던, 센트럴파크 쪽으로 창문이 더 많이 난 펜트하우스보다 비싼 가격에 팔릴 가능성은 없었다. 우리는 가격을 조율하기 시작했다.

—

고객의 감정을 닮아가지 말자

—

내 머릿속에서는 이미 경고음이 울리고 있었다. 그는 펭귄 미니어처들로 꾸며진 화산암 욕실 타일이 얼마나 예술적인지 장황하게 설명했고, 나는 그가 이야기를 멈추면 내가 자신의 멋진 아파트에 함께 열광하면서 높은 가격을 받을 만한 값어치가 있다는 그 의견에 동의해주길 바라고 있다는 사실을 눈치챘다. 아파트는 물론 멋졌지만, 벽을 다이아몬드로 장식했다고 하더라도 그의 바람만큼 비싼 값을 받을 수는 없었다.

나는 일을 처음 시작할 때, 매물을 따내려고 고객의 의견에 무조건 동의해주면 처음에는 일이 쉽게 풀릴지 모르지만 결국은 일이 틀어지고 만다는 교훈을 얻었다. 그들 스스로 가질 자격이 있다고 생각하는 결과를 얻어주지 못하면 어떻게 되는지 아는가? 모든 게 내 탓이 된다. 내 요구가 지나치다는 것을 왜 진작 말해주지 않았냐, 그게 당신이 하는 일 아니냐, 3,200만 달러가 아니라 2,600만 달러에 팔릴 집이었다면 처음에 말을 했어야 하는 거 아니냐 등 갖가지 불평을 듣게 된다. 일을 하다 보면 폐암 진단을 내렸다는 이유로 "미리 말씀해주셨어야죠! 고소하겠습니다!"라고 원망을 듣는 의사가 된 기분을 느낄 때가 있다. 그럴 때면 "오늘 저희 병원에 처음 오셨습니다만…? 지난 15년간 남배를 피우시지 않았나요? 원인을 찾자면 그렇다는 겁니다"라고 답해주고 싶은 심정이 된다.

고객이 원하는 방향으로 끌려가다 보면 결국은 거래가 중단되고 만다(그리고 내 몫의 보수도 저 멀리 사라진다). 고객이 틀렸다고 생각하면 그들의 모든 감정에 동조하는 모습을 보여서는 안 된다. 생각해보라. 미용실 의자에 앉아 충동적으로 기괴한 헤어 스타일을 부탁했다고 해보자. 경력이 풍부한 미용사가 당신이 미치광이처럼 보이게 되리라는 것을 뻔히 알면서도 가짜 미소를 지으며 당신이 원하는 대로 머리를 잘라주길 바라는가, 아니면 현실을 일깨워주길 바라는가? "이따금 스타일을 바꿔보시는 것도 좋지만 손님 얼굴을 더 돋보이게 해줄 수 있는 다른 스타일을 추천해드리고 싶은데요. 저를 한번 믿어보세요. 나중에 저한테 고맙다고 말하게 되실 거예요"라고 해주길 바라지 않는가?

성공하려면 고객에게 단호하게 현실을 일깨워야 할 때가 있지만, 그렇게 하기가 쉽지만은 않다. 내가 상대를 설득할 때 사용하는 전략은 다음과 같다.

▪ 팀 플레이어가 되자

고객이 나쁜 결정을 내리지 않도록 돕고 싶다면 고객이 매물 가격을 너무 높게 책정했든, 이상한 헤어 스타일을 하겠다고 하든, 갓 태어난 조카에게 반려뱀을 선물하겠다고 하든, 우선 당신이 자기편이라고 생각하게끔 만들어야 한다. "무슨 생각이세요? 어떤 멍청이가 아기한테 뱀을 선물합니까?"라고 말하면 당신은 적이 되고 만다. 대신 "아기에게 뱀을 선물할 생각은 해본 적이 없네요. 특이한데요? 하지만 잘 따져보셔야 해요. 어떤 뱀을 사려고 하시나요? 천사 같은 아기가 뱀이 자라는 과정을 안전하게 지켜보려면 유리 사육장이 필요할 텐데, 있으신가요?"라고 물어보자.

> 고객이 계산을 마칠 때까지 본능적인 반응은 가슴속에 묻어두자.
> '당신의 의견 vs. 고객의 의견 = 재앙'이지만,
> '당신의 의견 + 고객의 의견 = 성과'로 연결된다.

전투가 아니라 협력을 하고 대화를 해야 한다. 상대와 의견이 다르더라도 상대에게 얻을 것이 있다면 당신이 그들의 편이라는 것을 보여주며 대화를 시작해야 한다. 그렇게 해야만 상대가 당신을 신뢰하고 당신의 의견을 충분히 들어, 그들 자신과 당신에게 가장 긍정적인 결과를 가져다줄 선택을 하도록 안내할 수 있다.

▪ 인내심을 가지고 끈기 있게 행동하자

하려고 마음먹은 일이 자신에게 도움이 안 된다는 지적을 듣고 싶어 하는 사람은 없다. 우리 팀에서 내 오른팔 역할을 하는 욜란다, 젠, 나탈리에게 물어보라. 내가 어떤 일을 하겠다고 마음 먹었을 때 바로 반대하면 내 결심을 더 단단하게 만들 뿐이라고 이야기할 것이다. 이들은 뉴욕시 상공에 열기구를 띄워 매물을 광고하자는 내 아이디어가 그다지 실용적이지 않다는 사실을 설득하려면 인내심과 끈기가 필요하다는 사실을 잘 알고 있다.

헤어 스타일을 바꾸면 사진 속 연예인과 닮아지리라는 생각을 고객이 바로 버릴 거라고 기대하지 마라. 고객의 고민을 듣고 공감해주면서 그가 원하는 것이 가장 좋은 선택이 아니라는 사실을 설득하는 것은 당신의 몫이다. 그의 처지를 이해하는 한편 끈기 있게 옳은 방향을 제시하고, 그가 원하는 대로 했을 때 어떤 일이 일어날지 예를 들어줘라. "조카에게 선물하실 큰 뱀을 팔 수는 있지만, 보아뱀이 아기를 자기 선물이라고 생각한다면 저는 아마 손님이 계신 교도소로 청구서를 보내야 할지도 모르겠네요."

▪ 성과에 집중하자

고객이 당신의 충고를 따르게 하고 싶다면 결과에 대한 긍정적인 그림을 제시하자. "손님은 눈이 아름다우셔서 이 머리를 하시면 더 돋보일 거예요. 그러면 눈빛으로 모두를 사로잡을 수 있지 않을까요?" "곰 인형은 어떨까요? 아기를 먹어 치울 일도 없고, 아기들이 다들 좋아하는 상품이죠. 조카는 선물도, 그 선물을 준 당신도 좋아하게 될 겁니다." 목표가 판매라면 당신에게 돌아올 성과는 수수료 또는 판매 대금이다. 목표를 이루는 과정에는 소음이 발생할 수 있지만, 당신처럼 전문성을 갖춘 성인은 귀를 막고 "뭐라고 하는지 하나도 안 들리는데!"라고 소리를 지르거나 노이즈캔슬링 기능이 있는 헤드폰을 끼지 않는다. 대신 소음을 있는 그대로 듣고, 좋은 것은 취하고 나쁜 것은 버릴 줄 안다.

나는 집 마감이 얼마나 완벽하게 됐는지 로버트 씨가 설명하는 것을 45분 동안이나 잠자코 들은 다음 차분히 설명했다. "솔직히 집이 정말 멋지고 이 집처럼 나사 하나에까지 신경 쓴 집은 본 적이 없습니다. 하지만 다른 집들과 비교했을 때 로버트 씨가 집에 들인 공을 계산에 넣어도 700만 달러가 적절한 가격이며, 집에 그만큼 공을 들이지 않았다면 아마 600만 달러가 적절했을 거예요. 700만 달러면 집을 빨리 팔 수 있고(로버트 씨의 시간을 덜 들일 수 있고), 투자한 금액에 대한 수익도 섭섭하지 않게 누릴 수 있습니다. 최상의 결과를 얻는 셈이죠"라고 그를 설득했다.

성과를 얻으려면 고객의 목표에 집중해라.

—

시도하는 것만으로는 충분하지 않다

—

감사하게도 로버트 씨는 내 말을 귀 기울여 듣고 집에 대한 내 평가에 동의했다. 그는 자기가 한 투자에 대한 수익을 빨리 거두고 싶어 했고, 여러 사람이 드나들며 자기 집을 엉망으로 만들기를 바라지 않았다. 그는 가격 협상을 고려해 제안가를 높이 책정하고 싶어 했고, 결국 펜트하우스는 789만 5,000달러로 시장에 나오게 됐다.

"하지만 라이언 씨, 한 가지 조건이 있습니다." 내 얼굴에서 미소가 사라졌다. "라이언 씨, 나는 사람들이 내 집에 와서 이것저것 만지지 않았으면 합니다." 이런! 내가 포근해 보이는 그의 침대에서 낮잠 한번 자봤으면 좋겠다고 생각한 게 얼굴에 드러났나? "그러니 이 집에서 파티나 설명회는 안 여는 것으로 합시다. 그리고 가격을 제시하지 않으면 집도 보여주지 않을 작정입니다."

설명회도 하지 않고, 집을 보여주지도 않겠다니 큰일이다! 사람들이 들락거리며 집 구경을 하는 것이 걱정되는 것은 당연했지만 로버트 씨의 우려는 완전히 다른 차원이었다. 지금까지 수천 개의 집을 봐왔지만, 주방 냉장고 문을 열고 "여기 라자냐가 있군요. 한 접시 데워서 후딱 해치웠으면 하는데 같이 드시겠습니까?"라는 식으로 무례하게 군 고객은 없었다. 그는 무엇을 걱정하는 것일까? 집을 보여주지 않으면서 대체 어떻게 팔라는 말인지 이해할 수 없었다. 로버트 씨는 내가 마치 처음 집에 혼자 남겨지는 어린아이인 것처럼 장황한 설교를 늘어놓았다. "진심입니다. 제대로 된 검증을 받고 가격을 제시하기 전에는 누구도 이 집에 들어올 수 없습니다."

걱정하는 마음이야 충분히 이해하지만, 한 발짝도 들여놓을 수 없는 집에 대체 어떻게 고객이 관심을 가지고 가격을 제시하도록 만들지 감이 잡히지 않았다. 들어가 보지도 못한 집에 700만 달러를 내놓겠다고 할 사람은 없었다. 시장 상황이 판매자에게 유리한 것도 아니었다. "글쎄요, 저는 사람들의 관심을 끌기 위해 보통 사진기사와 함께 집에 와서 사진을 찍습니다. 그리고 뉴욕시에 있는 우수 중개인을 초대해 매물 설명회를 열어서 관심을 증폭시키지요."

로버트 씨는 내가 마치 머리가 세 개 달린 괴물이라도 되는 듯 빤히 바라봤다. "아니요, 설명회는 하지 않을 겁니다. 하지만 원하신다면 라이언 씨가 직접 카메라로 사진을 찍는 것까지는 상관하지 않겠습니다."

나는 다시 한번 가슴이 철렁 내려앉았다. 방금 멋진 펜트하우스 매물을 얻어냈는데 그 집을 아무에게도 보여줄 수 없다니. 최상의 결과는 이미 물 건너간 듯싶었다. "그렇다면 동영상은 어떻습니까? 이 집은 뷰가 정말 끝내주니까요. 사람들도 전망이 얼마나 멋진지 봐야 할 것 같은데요."

로버트 씨는 완벽하게 디자인된 등받이 의자에 몸을 깊숙이 묻었다. "좋습니다. 그렇게 하지요. 짧게 하나만 찍읍시다. 센트럴파크 뷰를 반드시 포함해주시고요."

우리는 악수를 했고, 나는 흥분과 좌절감이 반씩 섞인 기분으로 펜트하우스를 나왔다. 큰 매물을 따내기는 했지만 아무도 들어갈 수 없는 멋진 매물이 있다고 고객들에게 말이나 꺼내볼 수 있을까? 펜트하우스를 팔아 수수료를 받고는 싶지만, 이번 거래는 내가 지금까지 한 번도 경험해본 적 없는 도전이었다. 구조가 이상하거나, 빛이 거의 안 들어오거나, 뷰가 아예 없는 집 등 별의별 매물을 거래해봤지만, 그런 경우 적어도 머리를 짜내면 긍정적인 요소를 찾을 수 있었다(밤늦게까지 일하는 사람에게는 뷰가 필요 없을 테고, 이상한 구조는 음…, 독특한 구조라고 생각하면 된다). 그리고 어쨌든 고객을 집 안으로 데리고 들어갈 수는 있었다. 이 펜트하우스를 팔아서 수수료를 받고 싶으면 다른 때보다 훨씬 기발한 아이디어를 생각해내는 수밖에 없었다.

그날 밤늦게 나는 이스트 빌리지에 있는 바에서 친구 닉을 만났다. 그는 바에서 공연하는 밴드의 리드 싱어와 친구였다. 나는 사람들의 시선을 의식하며 음료 한 잔을 들고 사람들 사이에 서 있었다. 정장 차림을 한 사람은 나뿐이었고, 내 비싼 구두는 엎어진 맥주가 마르면서 끈적해진 바닥에 자꾸만 쩍쩍 들러붙었다. 바에 모인 사람들을 둘러보니 뉴욕시에서 팔뚝에 문신이 없는 사람이 나뿐인가 싶을 정도였다. 밴드 공연은 훌륭했고, 사람들은 모두 즐겁게 몸을 흔들고 있었다. 공연이 끝난 후 닉은 나를 끌고 오줌 냄새가 진동하는 우중충한 복도로 향했다. 내 머리에 거미줄이 붙었다는 것을 알아차렸을 때, 우리는 밴드 멤버들이 다음 공연을 준비하며 쉬고 있는 작은 방문 앞에 도착했다. 닉은 메리를 비롯한 밴드 멤버에게 나를 소개했다. 닉이 "그래서, 뮤직비디오를 찍을 장소는 찾았어?"라고 밴드 멤버들에게 물었고, 리드 싱어는 고개를 저었다. 그 순간, 내 머릿속에서 전구가 켜졌다.

로버트 씨는 나에게 동영상을 찍어도 좋다고 했다. '만약 다른 중개인들처럼 조용하고 지루한 매물 소개용 동영상을 찍는 대신 펜트하우스에서 뮤직비디오를 찍으면 어떨까?' 하는 생각을 채 끝내기도 전에 내 입이 먼저 움직였다. "제가 완벽한 장소를 알고 있어요. 센트럴파크가 내려다보이는 펜트하우스랍니다." 모두의 눈이 반짝거리기 시작했다. 펜트하우스라니! 그들에겐 무료로 사용할 수 있는 멋진 장소가 필요했고, 나에겐 시선을 사로잡는 매물 동영상이 필요했다. 하지만 로버트 씨가 사실을 알게 된다면 나는 자는 동안 암살을 당할 수도 있기 때문에 모든 일을 조용히 처리해야 했다. 이번 일은 내 생에 최악의 아이디어가 되거나 최고의 아이디어가 되거나 둘 중 하나일 것이 분명했다.

도둑이라도 되는 것처럼 은밀하게 동영상을 찍을 계획을 세웠다. 로버트 씨의 펜트하우스가 있는 건물은 센트럴파크 바로 앞에 있는 고급 주택 건물이었다. 이런 건물 안으로는 책임 보험이 있거나 입주민 여럿에게 서명을 받지 않는 이상 연필 한 자루도 마음대로 가지고 들어갈 수 없다. 따라서 도어맨까지 있는 이 건물에 밴드 멤버 모두와 함께 아무 일 없이 건물 로비를 지나 엘리베이터를 탈 방법은 없었다. 펜트하우스에 들어갈 수 있도록 허락을 받아두기는 했지만, 로버트 씨라면 내가 수상한 짓을 했을 때 바로 보고할 스파이를 건물에 심어놓았을 수도 있을 것 같았다.

나는 이 임무를 무사히 수행할 수 있도록 도움을 줄 내 편을 찾아내야 했다. 그래서 밤늦게 로버트 씨의 펜트하우스가 있는 건물로 향했다. 야간 도어맨에게 내 소개를 한 다음, 펜트하우스 B를 팔기 위해 매물 동영상을 찍어야 하는데 한밤중에 찍어야 하며 로버트 씨에게 들키지 않아야 하므로 아무도 모르게 화물용 엘리베이터를 탈 수 있었으면 한다고 설명했다. 나는 로버트 씨를 '깜짝 놀라게' 해주려고 한다며 동영상에 출연하는 사람들은 모두 립싱크를 할 것이고, 악기 연주도 하는 척만 할 예정이어서 뮤직비디오를 촬영하는 동안 곤히 자는 주민들을 깨울 일은 절대 없다고 맹세했다. 도어맨은 다음 날 밤, 아니 새벽에 우리를 들여보내기로 약속했다. 우리는 새벽 1시부터 5시까지 촬영할 수 있었고, 나는 절대 아무 흔적도 남기지 않겠다고 다짐했다.

촬영 날 밤(새벽) 심장이 쪼그라드는 것 같았다. 내가 옳은 일을 하는 걸까? 펜트하우스를 팔 수 있다고 믿어 의심치 않지만,

169

이 아파트가 얼마나 멋진지 특이한 동영상으로나마 보여주기 전에는 기회가 오지 않을 것이다. 나는 숨을 크게 한 번 들이쉬고 화물용 엘리베이터에 올라탔다.

■ 열세 번째 코드 ■

결정했다면 물러서지 마라.
결정을 성공으로 이끌 수 있도록 모든 에너지를 쏟아라.

감독이 카메라와 조명을 세팅하기 시작하자 펜트하우스 지붕도 뚫고 솟구칠 만큼 불안감이 커졌다. 보안 카메라나 아기방용 캠이 있는지 둘러봤지만 발견되지 않았다. 하지만 로버트 씨라면 영화 〈미션 임파서블〉에 나오는 초소형 감시 카메라를 벽속에 숨겨놨을지도 모른다.

연기 경력이 있는 나도 뮤직비디오에서 역할을 하나 맡기로 했다. 무슨 소리가 들릴 때마다 로버트 씨가 보낸 FBI 요원이 우리의 비밀 작전을 중단시키기 위해 쳐들어온 것 같다는 생각이 들었다. 감독이 감각적이고 세련된 뮤직비디오를 만들기 위해 집 안을 돌아보는 동안 나는 목소리를 한껏 죽인 채 "화장실은 찍으셨어요? 사람들이 저 멋진 욕조를 꼭 봐야 한다고요!", "주방 전체가 나오게 찍으세요! 가전제품들이 다 보여야 합니다!"라고 소리쳤다. 뮤직비디오를 촬영하러 오기는 했지만 어쨌든 나는 펜트하우스를 팔아야 했고, 이 뮤직비디오는 역사상 가장 창의적인 매물 소개 동영상이 되어야 했다. 긴 밤이 지나갔고,

밴드가 떠나고 카메라 장비도 모두 철수한 후 몇 시간 동안 나는 로버트 씨의 펜트하우스를 꼼꼼하게 검사했다. 흔적을 모두 없애야 했기 때문이다. 나는 아침 7시가 되어서야 펜트하우스를 나설 수 있었고, 밤을 꼬박 새운 채 출근을 하기 위해 옷을 갈아입으러 집으로 향했다.

로버트 씨가 '조건이 하나 있다'고 이야기했을 때 그리고 그 조건이 거래에 엄청난 방해 요소가 될 만한 사안이었을 때, 나에게는 두 가지 선택지가 있었다. 첫 번째는 아무에게도 보여주지 않고 700만 달러짜리 매물을 팔 수는 없으므로 '안 된다'고 말하는 것이었다. 두 번째는 일을 제대로 해 집을 파는 것이었다.

나는 뮤직비디오를 만들기로 했다. 이 상황에서 그냥 해보는 것만으로는 부족했다. 한번 해보겠다는 생각으로 관심을 보이는 고객에게 사진을 몇 장 보여주는 것으로는 거래가 성사될 수 없었을 것이다. 제대로 하려면 그렇게 해서는 안 된다. 매도인의 뜻에 따르느라 내 일을 제대로 해보지도 못하고 결국 화병이 나거나 절망에 빠졌을 것이다. 나는 나쁜 상황을 어쩌지 못한 채 로버트 씨에게 화가 난 상태로 펜트하우스를 팔기 위해 몇 주를 고생했을 게 분명하다. 그렇게 해서 얻을 수 있는 게 뭘까? 나와 다른 사람들의 시간이 낭비됐다는 것을 증명하고, 달콤한 야식을 먹으며 매일 밤 아내 앞에서 눈물이나 흘리게 됐을 것이다. 성공은 그렇게 얻을 수 없다. 그래서 나는 제대로 하기로 했다.

뮤직비디오는 효과가 있었다. 펜트하우스는 영상에 아름답게 노출되어 부동산 중개인들과 잠재적 매수인들의 눈과 마음을 사로잡았다. 고급 펜트하우스에서 뮤직비디오 한 편을 찍은 것을 보고 사람들은 미쳤다고 했지만, 어쨌든 그 사람들은 뮤직비디오를 봤다는 뜻이고 내 계획은 성공한 것이나 마찬가지였다. 사람들의 관심을 끌었고, 영업하는 사업가로서 그게 내 일이었으니까 말이다.

가장 중요하게도, 유튜브에서 뮤직비디오를 본 코라라는 여자가 펜트하우스에 관심을 보였다. 그녀의 아버지는 자신의 사랑스러운 딸을 위해 기꺼이 수백만 달러를 쓸 준비가 되어 있었다.

뮤직비디오를 주의 깊게 본 사람이 또 있었다. 로버트 씨였다. 그가 내게 전화를 걸었을 때 나는 거래가 중단되는 줄 알았다. "지인이 아주 흥미로운 동영상을 보내줬는데 여기 나오는 게 내 집 아닙니까? 내 집이랑 완전히 똑같이 생겼는데요!"

뮤직비디오가 효과가 있어서 좋은 조건으로 제의를 받고 있다고 설명하기도 전에 그가 소리쳤다. "라이언 씨, 당신이 뮤직비디오에 나온 것을 보니 내 아파트가 확실하군요. 이집트에서 공수해 온 내 비싼 침대보 위에서 구르고 계시네요?"

로버트 씨가 소리 지르는 걸 멈추고 나서야 나는 우리가 좋은 조건으로 거래 제안을 받고 있노라고 설명할 수 있었다. 그는 1분 동안 아무 말이 없었다. 이윽고 그가 입을 열었다. "가격이 너무 낮은데, 더 올릴 수는 없습니까?" 그가 나를 그렇게 빨리 용서할 리 없었지만, 현금으로 650만 달러를 내겠다는 제안이 들어온 덕분에 그의 기분이 누그러진 듯했다. 조율해볼 만한 제안이 들어왔고, 그는 곧 투자에 대한 수익을 챙길 수 있었다.

밀어붙여야 할까?

뮤직비디오를 촬영하는 내내 불안에 떨면서 절대 다시는 그런 미친 짓을 하지 않겠노라고 다짐했다. 하지만 뮤직비디오 때문에 손해 본 사람은 없었고 나는 실적을 올렸으니 위험을 감수한 가치가 있었다고 할 수 있다(매도인도 마지못해 수긍했지만 결국 내 생각에 동의했다고 생각한다). 수백만 달러를 벌고 싶으면 한계를 뛰어넘어야 하지만, 너무 멀리 가는 것은 아닌지 바로 판단하기가 어려울 때도 있다. 나는 엉뚱한 아이디어가 떠올랐을 때(내 아이디어가 대부분 그렇기는 하지만) 다음 단계로 가기 전에 다음과 같은 질문을 해본다.

- 최악의 상황은 뭘까?

진지하게 생각해보자. 뮤직비디오를 찍어서 해고될 수도 있었지만 법을 어기는 짓은 아니었다. 펜트하우스에서 손을 떼야 한다면 아쉽기야 했겠지만, 그렇다고 내 경력 전체에 금이 가는 것은 아니었다.

상황을 다양한 각도에서 바라보자. 고객을 많이 잃을 수 있고, 평판이 떨어질 수 있고, 전 재산을 날릴 수도 있다. 다음 단계를 실행하기 전에 마주할 수 있는 최악의 상황을 객관적으로 생각해보고 어떤 결과든 받아들일 마음의 준비를 하자.

- 계획은 무엇이고 실행할 능력은 있는가?

나 역시 무턱대고 '그래, 뮤직비디오를 찍으면 멋지겠다!'라고 생각하자마자 다른 거래를 몇 개나 성사시킬 수 있는 시간을 뮤직비디오에 쏟은 건 아니다. 뮤직비디오를 찍고 싶어 하

는 밴드가 있었고, 촬영감독을 알고 있었으며, 뮤직비디오를
제작할 수 있는 장비도 어렵지 않게 구할 수 있었다. 돈을 벌
려면 생각의 폭을 넓혀야 하지만, 할 수 있는 일의 범위까지
비현실적으로 넓혀서는 안 된다.

- 다른 선택지가 있는가?

드론이나 로봇, 특별 훈련을 받은 개를 이용해 집 내부를 보여
줄 수 있는 더 나은 방법이 있고 그 방법을 실행할 능력이 있
었다면, 나는 뮤직비디오를 찍겠다는 엉뚱한 계획을 기꺼이
포기했을 것이다. 터무니없는 아이디어를 실행에 옮기기 전
에 더 단순하고 덜 위험한 다른 방법이 없는지 생각해보자. 엉
뚱한 아이디어를 현실로 만들기는 쉽지 않고 돈이 많이 필요
할 때도 있다.

- 방해 요인을 예측할 수 있는가?

뮤직비디오를 찍을 때 여러 가지 방해물이 발생할 수 있었다.
이웃이 우리가 한 짓을 로버트 씨에게 말할 수도 있었고, 내가
그의 침대에 누워 있는 장면을 촬영하는 동안 로버트 씨가 갑
자기 들이닥칠 수도 있었고, 기타 때문에 흠 하나 없이 깨끗했
던 벽에 스크래치가 날 수도 있었다. 그 밖에도 아주 다양한
사고가 일어날 수 있었다. 하지만 나는 이런 방해물들을 통제
할 자신이 있었다. 밴드는 깜깜한 밤에 펜트하우스에 입성했
고, 악기는 전혀 연주하지 않고 하는 척만 했다. 소음이 날 리
없었다. 그리고 모두에게 조심하고 또 조심해야 한다고 신신
당부를 했다. 시간을 들여 '만약의 상황'에 대비하기만 한다면
위험을 감수했을 때 더 효율적으로 일할 수 있으며, 성공적인
결과를 얻어 지갑을 두둑이 채울 가능성도 크다. 잘못될 만한

부분을 찾아 계획을 세우고, 수정하고, 더 좋은 계획을 생각해 보자.

뮤직비디오는 행복한 결말을 맞았지만, 나는 좋지 않은 결과를 맞이할 준비 또한 돼 있었다. 나는 위험을 감수하기로 했고, 그 말은 고객을 잃거나 거래를 잃거나 건물 출입을 금지당하거나 그밖에 어떤 일이 생기더라도 내가 책임지겠다는 뜻이었다. 밴드를 펜트하우스에 데려가기로 한 것은 매우 위험한 결정이었지만, 일만 잘 끝낼 수 있다면 위험을 감수하는 대가가 충분히 따를 거라 판단했다. 제대로 할 수 있을지, 차라리 안 하는 게 나을지 따져봐야 한다.

일이 원하지 않은 방향으로 흘러간다면 어떻게 해야 할까? 로버트 씨가 나를 해고해서 수수료를 못 받게 됐다면? 반길 일은 아니지만 결국 나 자신 말고 탓할 수 있는 사람은 없다. 나를 해고했다거나 일을 힘들게 만들었다는 이유로 로버트 씨에게 화를 내지도 않았을 것이고, '밴드를 잘 숨겼다면' 또는 '~했다면' 하면서 후회하지도 않았을 것이다. 수백만 달러를 벌 수 있느냐 아니냐는 얼마나 완벽하게 일하고, 얼마나 실수를 하지 않느냐에 달린 것이 아니다. 주어진 상황에서 얼마나 최선을 다하느냐가 가장 중요하다. 제대로 해야 한다는 뜻이다.

✳ 두 번째 주문

수백만 달러를 벌기 위해서는 자신이 벌 수 있는 돈의 액수에 제한이 없다는, 간단하지만 강력한 힘이 있는 믿음을 마음에 새겨야 한다. 무엇도 우리를 제한할 수 없다. 당신이 두둑한 은행 잔고를 가질 수 없게 하는 가장 큰 방해물은 머릿속에 캠프를 차리고 떠나지 않는 부정적인 생각인 경우가 많다. 나도 얼마든지 수백만 달러를 벌 수 있다고 끊임없이 되뇌라. 그러면 머릿속에서 부정적인 생각을 영원히 쫓아버릴 수 있다.

나는 똑똑하다.
나는 품격 있다.
나는 자격 있다.
나에게는 성공의 기운이 있다.

■ 더 많이 벌기 위해서

살면서 돈이 없어서는 안 되지만, 우리는 돈에 관해 대놓고 이야기해서는 안 된다고 교육받는다. 돈이 자만·경멸·질투·화를 유발할 수 있으며, 돈을 얼마나 버는지는 인간으로서 얼마나 가치 있는지를 말해주므로 돈에 관해 이야기하는 것은 공손하지 못하다고들 말한다. 돈은 풍족한 삶을 살 수 있도록 도와주며, 수입이 늘어나면 더 자유롭고 안전한 삶 속에서 더 많은 것을 누리고 관용을 베풀 기회도 찾을 수 있다. 돈을 더 많이 가지고 싶어 하는 것은 잘못된 것이 아니고, 돈이 악의 씨앗이라는 옛말도 거짓말이다. 은행 잔고가 몇천, 몇억으로 늘어난다고 해서 당신이 한순간에 탐욕스럽게 변하지는 않는다. 물론 돈으로 해결할 수 없는 문제도 많지만, 수입이 늘면 당신의 선택지도 늘어난다.

■ 누구나 '눈에 띄고 + 전달력이 있고 + 기억에 남는' 사람이 되고 싶어 한다

- 알아주자. 신발이 예쁘다고 매번 칭찬해주는 단순한 행동이 생각보다 효과가 있다.
- 질문하자. 상대방을 알아갈 수 있는 질문을 하자. 어느 동네에 사는지, 직장이 어디인지에서부터 개를 좋아하는지까지 할

수 있는 질문은 다양하다.
- 흥미로운 사실을 기억하자. 호기심을 가지자. 대화 상대의 특징에 집중한 다음, 잘 기억해두었다가 나중에 대화할 기회가 왔을 때 언급해보자.

■ **좋지 않은 상황에 빠졌다면 빨리 일을 처리한 다음 상황에서 빠져나오자**

- 가장 좋은 방법은 상황을 나쁘게 만드는 사람에게서 최대한 빨리 벗어나 계좌에 들어온 수수료를 보며 뿌듯해하는 것이다.
- 경계를 설정하자. 상황을 나쁘게 만드는 사람에게 허용되는 선을 알려주고, 당신이 어떤 조치를 취하는지 알려주자. 당신이 상대방을 위해 얼마나 열심히 일하고 있는지 알게 되면, 그도 당신이 그어둔 경계선을 넘어오지 않을 확률이 높다.

■ **옷차림도 전략이다**

- 청중에게 맞는 옷을 입자. 영향을 미치거나 좋은 인상을 남기고 싶은 대상이 누구인가? 그들이 당신에게 기대하는 것은 무엇인가?
- 마음을 안정시키는 복장을 정해놓고 자신감이 필요할 때 입자. 나에게는 가짜 롤렉스였지만 당신에게는 가짜 명품 가방

이 될 수도 있다. 자신감만 가져다준다면 무엇이든 상관없다.

- 잘 맞는 옷, 깨끗한 옷, 잘 닦인 신발을 기억하자. 옷은 흠잡을 데 없이 잘 맞는 것으로 고르고 신경 써서 관리해야 하며, 신발은 언제나 반짝반짝 빛이 나도록 유지해야 한다.
- 자신감을 채워주는 복장을 찾자. 스타일을 찾아가는 동안, 입을 때마다 백만장자가 된 것 같은 느낌을 주는 옷을 적어도 하나 이상 장만하자.

■ 전염성 강한 문제를 해결하거나 포기하거나

- 신호를 감지하자. 상대가 주저하는지, 어떤 반응을 보이는지, 언제든 계약을 철회할 준비를 하고 있지는 않은지 파악해라. 상대방이 넘겨주기로 한 물건을 포기하지 못하거나, 상식적인 요청에 호들갑을 떨거나, 별것 아닌 문제로 거래를 그만두려고 할 때 주도권을 잡지 못하면 거래를 놓치고 만다.
- 침착, 통제, 설득을 기억하자. 침착한 대응이 더 효과적이다. 절대 화내지 마라. 의견을 절대 바꿀 수 없는 '불가침 영역'을 설정하고 상황을 통제해라. 단호하게 말하고, 물러서지 마라. 물러서는 모습을 보이면 '내가 하는 말은 진심이 아니니 귀담아듣지 말고 무시하세요'라는 문구가 박힌 티셔츠를 입고 다니는 거나 마찬가지다.
- 말을 아끼자. 굳이 알릴 필요가 없는 일들도 있는 법이다.
- 꼭 공유해야 할 중요한 정보인가? 문제를 신속하게 해결할 방

법이 있는가? 고객은 어떤 사람인가? 당신과 고객의 신뢰와 관련된 문제다. 고객이 뭐든 알고 싶어 하는 사람인가, 아니면 귀찮게 하는 대신 당신이 알아서 문제를 처리해주길 기대하는 사람인가?

■ 1,000분 규칙, 시간이 어디에 낭비되는지 파악하자

- 완벽주의자의 늪에 빠져선 안 된다. 자신이 하는 일에 자신감을 가지자. 하려고 하는 일에 대해 많이 아는 사람에게 질문하자. 문제를 해결할 수 있는 합리적인 시간제한을 주고 시간을 지키자.

- 레드존을 통제하자. 레드존은 일이 잘 풀리지 않거나, 하루 전체 또는 한 주 전체를 망칠 수 있는 상황을 말한다. 모든 것을 손아귀에 넣고 관리할 수는 없다. 관리할 수 있는 것에 집중해라. 그리고 관점을 바꿔라. 성공적인 경력을 쌓아 올리다 보면 반드시 문제가 생긴다는 사실을 기억하고, 일이 잘 풀리지 않을 때마다 당황하지 않도록 대비해라. 상황에서 벗어나 할 수 있는 일을 하자.

- 업무를 줄이자. 이메일을 관리하고 업무를 분담해라. 시간을 어떻게 사용하고 있는지 검토해보고, 종일 무엇을 하며 시간을 보내는지 알아보자. 소중한 시간을 어디에 쓸지 어떤 일을 다른 사람에게 맡길지, 그리고 감사하게도 자투리 시간이 생겼을 때 무엇을 할지 생각해두자.

■ 고객의 감정을 닮아가지 말자

- 방어적으로 대응하는 것은 좋지 않다. 언제나 고객의 편에서 생각하자. 당신과 고객은 한 팀이다.
- 인내심을 가지고 끈기 있게 설득하자. 자기 생각이 별로라는 말을 듣고 싶어 하는 사람은 없다. 끈기 있게 옳은 방향을 제시하고, 상대방의 생각대로 했을 때 어떤 결과가 발생할 수 있는지 예를 들어 설명하자.
- 성과에 집중하자. 당신의 조언을 따랐을 때 어떤 긍정적인 결과를 얻을 수 있는지 보여주자.
- 위험을 평가하자. 위험을 감수했을 때 발생할 수 있는 최악의 상황은 무엇인가? 솔직하게 생각해보자. 구체적인 계획은 있는가? 합리적인 선에서 실행 가능한 계획인가? 다른 선택지가 있다면, 더 나은 선택지를 선택해야 한다. 엉뚱한 아이디어를 실행시키고자 무모한 짓을 해서는 안 된다. 목적을 염두에 두자. 방해물을 예측해서 대응할 준비가 되어 있어야 한다. 당황할 만한 일이 일어나지 않도록 단단히 준비하자.

Part 3

에너지ENERGY

당신 안에는 특별한 힘이 있고, 사람들도 그것을 안다. 당신은 영향력이 있을 뿐 아니라 따뜻함과 친절함으로 사람을 대할 줄 안다. 주변 사람들은 모두 당신이 발산하는 빛을 조금이라도 얻어가고 싶어 한다. 당신은 매력적이고 다가가기 쉬우며 아주 현명할 뿐만 아니라 대화를 이끌어나갈 줄 아는 사람이다. 당신의 에너지가 너무 밝고 전파력이 강해서 당신을 만나고 싶어 하는 사람들은 번호표를 뽑고 기다려야 할 정도다. 당신이 바로 빅 머니 에너지를 내뿜는 사람이다.

BIG MONEY ENERGY

9. 발전하거나 도태되거나

2019년이 끝나갈 무렵, 나는 내가 지구상에서 가장 행복한 사람이라는 것을 깨달았다. 사랑하는 아내 에밀리아가 있었고, 그즈음 딸 제나는 거의 한 살이 되어 큰 소리로 옹알이를 시작했다. 브루클린에 장만한 우리 가족의 타운하우스 개조 공사는 차근차근 진행 중이었고, 우리 팀은 3년 연속 매년 1,000만 달러씩 거래를 성사시키며 부동산 업계에서 명성을 떨치고 있었다(진행 중인 계약까지 합치면 2019년 한 해 동안만 1,500만 달러의 거래를 성사시켰다). 거기에 더해 첫 번째 책을 출간했고, 블로그와 온라인 판매 강좌도 엄청난 성공을 거두고 있었다. 멤버십으로 운영되는 강좌는 전 세계 7개국에서 불과 5개월 만에 거의 4,000명의 수강생을 모았다. 나는 승승장구하고 있었다.

그리고 곧 2010년대가 끝나고 2020년대가 시작된다는 기대감에 차 있었다. 2020년을 맞이하며, 내가 사는 펜트하우스 베란다에 서서 〈타이타닉〉의 레오나르도 디카프리오처럼 "내가 세상의 왕이다!"라고 소리치고 싶은 심정이었다. 나는 원하는 것을 다 가지게 됐고, 정말 감사한 일이었다. 불과 얼마 전까지만 해도 은행 계좌에 저녁 장을 볼 돈도 없었다는 사실을 떠올리며, 내가 가질 수 있는 것이 과연 이게 다일지 궁금해졌다. 만족스러운 삶을 살고 있었지만, 다음이 궁금했다. 행복한 현실에 만족하며 살면 되는 걸까? 불만 없이 사는 삶에 안주해도 괜찮은 걸까?

내 안에 자고 있던 디카프리오를 깨우려다가 문득 그가 갑판 위에서 포효한 후 영화가 비극으로 치달았다는 생각이 들었다. 무슨 일이 일어났는지 다들 알 것이다. 타이타닉이라는 럭셔리 크루즈는 '절대 가라앉을 수 없는' 공학 기술의 결정체라 여겨졌다. 하지만 그 무엇도 막을 수 없다던 세상에서 가장 튼튼한 배는 빙하에 부딪혀 침몰했고, 2시간 반 뒤 북대서양의 차가운 바다 밑으로 완전히 가라앉았다(1,500명이 목숨을 잃었다). 나도 타이타닉처럼 가라앉을 수도 있다는 생각이 문득 들었다. 세상에 가라앉을 수 없는 것은 없다. 만약 항로를 바꾸지 않는다면, 나는 자기만족에 빠져 현실에 안주하게 될 것이다. 지금처럼 꼭대기 자리를 유지하려면 어떻게 해야 할까?

어떤 분야에서든 성공을 거두려면 끊임없이 변화해야 한다. 운동 계획을 세우고, 의무감을 가지고 매일 운동하면 긍정적인 결과를 얻을 수 있다. 사람들은 "와, 몸매가 확 달라졌네"라며 변화를 눈치챌 것이다. 노력의 결실로 그간 맞지 않던 청바지가 맞게 될 수도 있다! 기분이 좋아서 조금 더 노력하기로 하고, 헬스장에 가서 그동안 몸을 만드는 데 도움이 됐던 운동을 계속한다. 하지만 운동 약발이 떨어진 것 같다. 무슨 일이지?

변화는 삶의 양념이고, 변화 없는 삶은 아무 맛도 나지 않는 밍밍한 음식과 같다. 발전하지 않으면 도태된다. 어느 정도 성공했다고 가만히 앉아서 되는 대로 살면 결국 가라앉고 만다. 당신이 수익을 내는 자기 사업체의 CEO든 기업체의 경영진이든, 언제나 다른 사람보다 한 걸음 앞서 있어야 한다는 사실을 기억해라.

2019년, 나는 세상이 내려다보이는 펜트하우스에서 뉴욕에서 가장 잘나가는 부동산 중개인으로 2010년대를 마무리하고 있었지만, 어디까지나 다른 사람 밑에서 일하고 있었다. 내가 타이타닉처럼 가라앉지 않으려면 변화하고 수정하며 나의 기량을 한 단계 높여야 했다. 내가 노력해서 얻은 모든 것이 흐지부지되다 사라지는 꼴은 볼 수 없었다. 현재까지 거둔 성공 이후를 내다보고 지평선 너머에 무엇이 있는지 확인해야 했다.

그날 한참을 동동거리며 고민하고 계획한 후 우리 팀과도 앞으로 무엇을 할 수 있을지 논의했고, 나는 '서핸트SERHANT'라는 회사를 차리기로 했다. 내 경력의 전부였던 부동산회사를 떠나기는 쉽지 않았다. 아내와 이혼하는 것 같은 느낌이었고, 처리해야 할 법적인 문제와 협의해야 할 조건도 너무 많았다.

새로운 사업을 준비하면서 흥분되기도 했지만, 내가 차지하고 있던 최고의 자리와는 작별 인사를 해야 했다. 무언가를 새로 시작하기로 한 이상 이제부터는 내가 꼴찌였다. 받아들이기 힘들었지만, 어쨌든 꼴찌는 앞지를 기회만 있는 자리라고 생각하며 마음을 다잡았다. 그때의 나는 내가 생각보다 더 깊이 가라앉게 되리라는 사실을 알지 못했다.

—

지옥에서 온 7,200만 달러짜리 하루

—

원래 있던 회사에서 나와 성대한 계획을 바탕으로 새로운 회사를 차리는 동안에도 나는 굵직한 거래를 여러 건 성사시켰다. 모든 일을 성공적으로 진행하면서 아드레날린이 솟구쳤다. 그러나 2020년 봄, 코로나19가 전 세계를 강타하면서 모든 도시가 봉쇄되다시피 했다. 사람들은 병에 걸려 죽어갔고, 경제도 폭삭 주저앉았다. 주식시장 역시 하룻밤 사이에 수천 포인트씩 떨어졌다. 레스토랑, 바, 가게, 헬스장, 미용실, 사무실이 모두 문을 닫았다. 잠들지 않는 도시에 무시무시한 정적이 흘렀다. 혼란에 빠진 고객들이 끊임없이 전화를 걸어왔다.

"라이언 씨, 안녕하세요? 어퍼웨스트사이드에 있는 저택을 구매하려고 했는데, 결정을 보류해야 할 것 같아요. 이 시국에 집을 넓히기는 힘들 것 같아서요."

"라이언 씨, 뉴욕시가 완전히 죽어버렸네요. 계약을 철회했으면 합니다."

"저희 가족은 몬태나로 가서 버팔로 농장을 사려고요. 그쪽이 저희한테 더 합리적인 결정인 것 같아요. 6개월 동안 협상하느라 고생하셨는데, 2,000만 달러짜리 계약서에 지금 서명하기는 힘들게 됐어요. 죄송해요."

코로나로 인해 뉴욕시 부동산 업계는 완전히 얼어붙었다. 솔직히 말해서 나는 겁이 났다. 누구에게도 이야기하지 않았지만, 새로운 사업을 시작하기로 했을 때 나는 인생에서 가장 큰 재정적 위험을 감수한 것이었다. 직원들의 급여로 곧 상당한 액수가 나가야 하는 상황이었다. 사람들은 두려움에 떨며 매수 계약을 포기했다. 어떻게 살아남아야 할지 막막했다. 원래 있던 회사에 남아 현상 유지라도 해야 했을까. 사람들은 입을 모아 새로 회사를 시작하기에는 좋지 않은 시기라고 했다. 1년쯤 더 기다렸다가 계획을 실행한다고 해서 큰일이 나는 것도 아니었다.

어떻게 해야 할지 계속 고민했다. 잠을 거의 자지 못했다. 불안에 떠는 고객들이 전화를 걸고 이메일을 보낼 때마다 중압감은 더 심해졌다. 마음의 짐이 너무 무거워서 그냥 드러누워 짐에 깔리는 게 속 편하지 않을까도 생각했다. 부동산회사에 속해 있을 때는 회사에서 중개 수수료의 몇 퍼센트를 떼 가는 대신 사무실 월세, 비용, 직원 급여, 홍보를 포함한 모든 비용을 회사에서 처리해주었다. 하지만 지금은 내가 오롯이 직원들의 삶을 책임져야 했고, 나는 겁이 났다.

곧 빈털터리가 될 것 같았고, 기분은 매일 바닥을 쳤다. 그렇다고 내 결정을 포기하고 싶지는 않았다. 하지만 이 혼란 속을 헤쳐나갈 힘을 어디에서 얻을 수 있을까? 지금까지 스스로 일어서본 적이 한 번도 없었던 것도 아닌데 머릿속이 혼란스러웠다.

2019년 8월, '지옥의 월요일'이라고 부르게 된 힘든 하루를 보낸 적이 있다. '지옥의 월요일'이 영화였다면 아마 내가 헬스장에서 아침 운동을 하고 출근 준비를 하는 장면에 곧 무슨 일이 있으리라는 것을 암시하며 어둠이 깔리고 불길한 음악이 흘러나왔을 것이다.

뉴욕 부동산은 주식시장이 상승세일 때 함께 상승했다가 하락할 때 곤두박질친다. 경제 불황에 타격을 입든 안 입든, 뉴욕시의 잠재적 매수자들은 하락장의 두려움만으로도 혼란에 빠져 거래를 취소한다. 뉴욕 사람들은 다른 부분에서는 겁이 없고 둔감하지만, 지난 금융위기 때의 충격을 아직까지 기억하며 다음번 금융위기가 언제든 찾아올 수 있다고 믿는다. 8월의 월요일이었던 그날, 트럼프 대통령의 무역 제재 정책에 중국이 보복하리라는 예측 때문에 다우존스 산업평균지수가 곤두박질치기 시작했다. 점심시간까지 지수는 950포인트 가까이 떨어졌다. 온종일 고객들에게 전화가 빗발쳤고, 나는 최선을 다해 그들을 안심시키려 노력했다.

"주식시장이란 게 항상 오르락내리락하지 않습니까? 그런데 2016년부터 상승장이었지요. 이런 일시적인 문제 때문에 가족 모두가 앞으로 몇 년이고 행복하게 살 집을 구매하려던 결심을 포기하시면 안 됩니다."

내가 무슨 말을 해도 고객들은 듣지 않았다. 전화벨은 계속 울려댔다.

"안녕하세요, 라이언 씨. 저희 매수자 측에서 첼시에 있는 펜트하우스를 구매하지 않으시겠답니다."

"왜죠?"

"다른 계획이 있으시답니다."

대체 계획만 하다 죽을 셈인가! 젠장, 또 한 명의 매수인이 겁을 집어먹고 거래에서 손을 뗐다.

거래를 유지할 방법을 궁리하고 있는데 다시 전화벨이 울렸다. 브루클린에 있는 고급 주택의 매매가 취소됐다. '지옥의 월요일'은 정말 집요했다. 얼굴에 쉴 새 없이 펀치가 날아드는 느낌이었다. 거래가 계속 취소됐고, 고객은 떠나갔다. 지옥의 월요일이 끝날 때쯤, 우리가 하루 동안 잃은 거래의 총액을 계산해 보니 자그마치 7,200만 달러나 됐다!

엄청난 액수다. 거래는 언제든 취소될 수 있지만, 여느 때 한 주에 잃은 거래액을 모두 합쳐도 그 정도로 큰돈이었던 적은 없었다. 상황은 심각했고, 엄청나게 절망적이었다. 이렇게 큰돈을 한꺼번에 잃어본 적은 없었다. 그런데 이게 단지 시작일 뿐이라면? 만약 상황이 더 나빠진다면 나와 우리 가족은 어떻게 될까? 우리 팀원들은? 그동안 갈고닦은 영업 기술로 약장수라도 되어야 하나? 내가 느끼는 불안이 엄청난 불행의 시작이라면… 맙소사, 사무실에서 과로로 급사하지는 않겠지? 죽기에는 너무 젊은데! 나는 감정의 소용돌이에 압도당했고, 기분이 정말 좋지 않았다.

거액의 거래가 취소되거나 해고당하거나 실망스러운 일을 겪거나 정말 운수가 나쁜 하루를 보내고 있을 때 반드시 기억해야 할 것이 하나 있다. 이런 날은 단순히 재수 없는 날이 아니다. 역경을 극복할 수 있는 사람인지 아닌지가 갈리는 날이다. 어떤 사람이 되고 싶은가? 지는 쪽인가, 이기는 쪽인가?

수없이 많은 거래가 취소된 지옥의 월요일이 끝난 뒤, 나는 이 하루가 엉망진창이었던 날로 기억되지 않기를 바랐다. 마음 한구석에서는 책상에 얼굴을 묻고 펑펑 울고 싶은 생각이 들었다(사실 눈물을 찔끔 흘렸을 수는 있다). 하지만 남은 평생 사무실에 숨어 살 수는 없는 일이니, 기운을 차리고 내 안에 있는 에너지를 끌어모아 계속 앞으로 나아가야 했다.

나는 달력을 집어 들고 지옥의 월요일 4주 뒤 날짜에 빨간색으로 크고 진한 동그라미를 그렸다. 그리고 오늘 온종일 느꼈던 감정을 적었다. '절망, 두려움, 분노, 좌절' 그리고 '7,200만 달러'라고 덧붙였다. 두려웠던 순간을 앞으로도 기억하고 싶었다. 일과 삶은 계속 흘러간다. 그렇게 많은 거래를 놓치고 내가 받을 수 없게 된 수수료 때문에 속이 상했지만, 이제는 수수료를 받을 방법이 없다는 사실을 인정해야 했다. 계속 앞으로 나아가 새로운 거래를 체결하고, 새로운 매물을 받는 수밖에 없었다. 나는 이 절망 속에서 살아남기로 했다.

긍정적인 일과 부정적인 일 목록 작성하기

성공의 기운을 품은 사람의 삶은 한 문장으로 정의할 수 있다. '긍정적인 생각이 언제나 승리한다.' 우리는 자신을 긍정적인 방향으로 이끌고, 작은 승리를 거두면 스스로 격려해주며, 부정적인 생각을 뒤로하는 훈련을 해야 한다. 우리 가족이 나를 '울보 라이언'이라고 부르던 시절, 나는 어떤 상황에서도 부정적인 측면을 찾곤 했다. 우리가 세상의 불공평함을 모두 해결할 수는 없지만, 스스로 만들어낸 어둠의 그림자에서 빠져나올 수는 있다.

부정적인 생각을 하는 습관을 깨버리는 쉬운 방법이 있다. 종이를 한 장 꺼내 반으로 접었다가 편 다음 하루 동안 일어난 좋은 일과 나쁜 일을 양쪽에 나누어 적어보는 것이다. 아침 식사가 맛있었다면 좋은 일에 적는다. 그런 식으로, 긍정적인 일이 발생할 때마다 목록에 추가하면 된다. 그리고 긍정적인 일 목록이 부정적인 일 목록보다 훨씬 길어질 때까지 계속 반복한다. 지옥의 월요일 하루 동안 갖은 수난을 당한 뒤 이 작업을 했다면 아마 다음과 같을 것이다.

긍정적인 일

- 출근 전 운동 때 어제보다 무게를 많이 들었음
- 택시에 치이지 않고 출근함
- 살아 있음
- 친구와 가족이 있음

- 냉장고에 음식이 있음
- 멋진 우리 팀이 열심히 일하고 있음

부정적인 일

- 회사에서 내 생애 최악의 날을 보냈음
- 다음에 무슨 일이 일어날지 두렵고 긴장이 됨
- 돈을 엄청나게 잃었음

4주 후 나는 그 빨간 동그라미를 발견했다. 일하느라 정신없이 지내다 보니 최악의 하루가 지난 지 벌써 한 달이 흘러 있었다. 그때의 분노와 불쾌한 감정이 즉시 사라졌을까? 아니, 그렇지 않았다. 한 달 후에도 분노에 가득 차 있었냐고? 그렇지는 않았다. 나는 살아 있었고, 아직 두 발로 설 힘이 있었다. 아직 충분히 살아남을 수 있다는 뜻이었다. 어둡고 침울한 저 밑바닥에 가라앉아 있던 성공의 기운이 빛을 찾아 수면 밖으로 고개를 내밀려고 하고 있었다. 달력에 날짜를 표시해두고 뇌에 긍정적인 에너지를 찾는 훈련을 한 셈이었다. 그 에너지는 언제나 머릿속에 있지만, 가끔(손해를 보고 난 다음에는 특히) 시간을 조금 더 들이고 노력을 기울여 꺼내야 할 때가 있기는 하다. 어쨌든 그 에너지가 우리 안에 항상 있다는 사실을 알아두자.

나는 큰 손해를 볼 때마다 이 에너지를 찾으려 노력한다. 그러면 통제할 수 없는 상황 때문에 스트레스를 덜 받을 수 있으며 화도 덜 난다. 다른 사람의 결정 때문에 분노하지도 않는다.

시간이 약이라는 사실을 잘 알고 있고, 매 순간 최선을 다하면서 인생의 1분도 공포에 휘둘리며 낭비하지 않으려고 노력한다. 내 안에 분노가 있을 자리는 없다.

일하다 손해를 봤다면 한가하게 앉아서 상황이 나아지기만 기다려서는 안 된다. 팬데믹 상황 동안 나에게 시장이 회복될 때까지 '잠자코' 기다리라고 한 사람이 여럿 있었다. 내가 잠시 넘어졌을지 모르지만, 그대로 길가에 웅크린 채 다른 사람들이 내 몸을 밟고 지나가도록 두지는 않을 것이다. 나는 내 뜻을 밀어붙이기로 했다. 통제력을 잃지 않으면서 속도를 더 내기로 했다. 어떤 결론이 날지 알 수 없었지만, 사람들 발에 차여가며 길바닥에 주저앉아 있을 수만은 없었다.

다른 사람들이 몸을 웅크리고 침착하게 기다리는 동안 나는 더 힘차게 앞으로 나아가기로 했다. 팀원과 행정 직원을 고용하고, 새로운 사무실로 이사하고, 접근 방식을 달리해 사업 계획을 다시 세웠다. 손해를 마주했을 때는 어떻게든 조치를 취해야 한다. 상황을 되돌리기 위해 무엇을 해야 할지 자신에게 물어보는 것이다. 당신의 구명보트가 되어줄 계획을 세워 실천하자.

—

주도권은 나에게 있다

—

회사를 차리면서 나는 처음부터 큰 거래를 할 수 있으리라는 환상을 가졌다. 사무실을 열자마자 억만장자들이 사는 동네에서 3,000만 달러짜리 펜트하우스를 팔 수 있을 줄 알았다. 그리고 모두의 주목을 받을 수 있으리라고 생각했나. 머릿속에서는 이미 '라이언 서핸트, 새 회사로 부동산시장을 휩쓸다'라는 헤드라인이 붙은 기사를 떠올렸다. 하지만 현실의 내 첫 고객은 임대 매물을 찾고 있다고 했다. 월셋집만 중개하던 시절은 오래전에 끝났다고 생각했지만, 도시가 봉쇄된 후 나는 망망대해를 표류하는 돛단배 신세였고 손님을 가려 받을 처지가 아니었다.

아샤와 아르준은 샌프란시스코 출신 부부로, 딸에게 세상을 보여주기 위해 뉴욕에서 1년을 살기로 했다고 한다. 그들은 방이 서너 개 있으면서 월세가 1만 달러를 넘지 않는 집을 찾고 있었다. 괜찮은 집 여러 곳을 보여줬는데, 아샤 부부는 쉽게 결정을 내리지 못했다. 나는 그들이 좋아할 만한 트라이베카 지역의 아파트를 하나 더 보여주기로 했다. 위치도 좋았고, 집에서 보이는 전망도 환상적이었다. 그리고 그들이 중요하게 생각하는 실외 공간도 충분했다. 그들은 '별과 가깝게 살고 싶다'고 했다. 그 집에 들어서는 순간, 이 가족이 집을 마음에 들어 하리라는 확신이 들었다. "와! 라이언 씨, 이 집은 월세가 얼마인가요?" 아샤는 입이 귀에 걸려 있었다. 머릿속으로 이미 집 안에 가구를 채워 넣고 있는 듯했다. "사실 이 집 주인이 제시한 거래가는 1,250만 달러이고, 월세로 내놓은 집이 아닙니다." 아샤와 아르준이 입을 떼기 전에 나는 요즘 금리가 낮아도 너무 낮아서 월세를 내는 것보다 집을 사는 편이 돈을 아끼는 방법이라고 설명했다.

　우리는 제안된 가격에 한참 못 미치는 600만 달러에 제안을 넣었다. 아파트를 55퍼센트 할인된 가격에 살 수 있으면 정말 좋을 테니까. 테니스 경기를 하듯 몇 번 가격 제안을 주거니 받거니 하다가 최종적으로 800만 달러로 가격이 책정됐고, 개발 업자는 수수료 및 가구 명목으로 100만 달러를 요구했다. 아샤 와 아르준은 맨해튼에 별과 가깝게 지낼 수 있는 집을 엄청나게 저렴한 가격에 장만하게 됐다. 나는 월셋집을 찾던 사람에게 집을 판매했다는 사실에 너무 신이 나서 거래를 마무리 짓는 날 반짝이 정장을 입고 가고 싶을 정도였다.

■ 열네 번째 코드 ■

새로 시작한다고 해서 아무것도 없이 시작해야 한다는 뜻은 아니다.

우리에게는 능력과 경험이 있다.

새로 시작하는 것이 아니라 다시 시작하는 것이다.

　작게나마 한 걸음 더 나아가도록 나를 채찍질했기 때문에 도시 전체가 봉쇄된 상황에서도 트라이베카 집을 팔 수 있었다. 다시는 월세 매물을 거래하고 싶지 않았지만, 나는 앞으로 나아 가야만 했다. 월세 거래를 맡았을 뿐인데 예상치 못하게 판매 계약으로 이어졌다. 이 거래로 나는 계속 앞으로 나아가기 위한 에너지를 얻을 수 있었고, 사업이 완벽하게 회복되지는 않았지만 1,000퍼센트 준비된 사람으로서 이제 어떤 역경이 닥치더라도 살아남을 수 있다는 자신감을 갖게 됐다.

다음 주, 다음 달, 다음 해에 어떤 일이 생길지 모른다. 하지만 나는 유연하게 대처할 수 있고, 변화하고 적응할 준비도 돼 있다. 외계인이 침공하든, 좀비가 나타나든, 사기꾼에게 뒤통수를 맞든 어떤 난리가 나더라도 위기를 극복할 수 있다. 무슨 일이 있어도 당신에게는 상황을 통제할 능력이 있다는 사실을 기억해라. 털고 일어서서 작게나마 한 걸음을 떼보는 것이다. 성큼 내디딜 수 없어도 상관없다. 이제 안전하다고, 당신의 아이디어가 좋다고 누군가가 확인해줄 때까지 기다리지 않아도 된다. 당신은 스스로 한 걸음을 내디딜 수 있다. 당신이 원하는 변화를 만들어갈 힘은 당신 안에 있다는 사실을 잊지 마라.

10. 자수성가의 비밀

장작 팝니다. 코드당 50달러

잭 라이언 우드

잭 또는 라이언에게 문의하세요

617-456-7890

알다시피, 여기서 코드란 장작을 셀 때 사용하는 단위다. 나는 열 살 때 첫 사업을 시작했는데, 당시에는 내 계획이 정말 획기적이라고 생각했다. 우리 가족은 보스턴 외곽에 있는 농가주택에서 살고 있었다. 그 집은 1960년대부터 사람의 손길이 닿지 않은 숲으로 둘러싸여 있었다. 아버지는 숲에서 나무를 해다가 발코니를 덧대고, 마당을 가로지르는 자동차 진입로를 만들고, 산책로를 만드시기도 했다. 어느 날 어머니와 함께 장을 보러 갔는데, 푸딩을 사달라고 조르다가 벽에 붙은 광고 하나를 봤다.

장작 팝니다.

뭐? 사람들이 나무를 얻으려고 돈을 낸다고? 우리 집 뒤편으로 끝도 없이 이어진 숲이 떠올랐다. 그 많은 나무 한 그루 한 그루가 돈이 된다는 이야기였다! 여태 금광을 끼고 살았다는 걸 몰랐다니 어처구니가 없었다. 아버지가 가지고 계신 나무토막들을 얻어서 장작용 나무로 판매하면 그토록 가지고 싶었던 비디오카메라를 사고도 남는 돈을 벌 수 있을 것 같았다.

집에 도착하자마자 나는 당시 일곱 살이던 동생 잭을 찾았다. 큰형은 이미 독립한 후여서 집에는 우리 둘뿐이었다. "잭, 나한테 사업 아이디어가 떠올랐어. 나무를 팔아보자." 잭의 눈이 반짝 빛났다. "집 주변에 널린 나무를 잘라서 장작으로 팔면 돼! 회사 이름은 잭 라이언 우드로 하자. 우린 떼돈을 벌 거야. 정말 멋진 생각 아니야?"

잭은 동의했고, 그 순간부터 우리는 학교에 다녀와서 남는 시간이 생기면 위험을 무릅쓰고 장작 쪼개는 전동 기계를 사용해 나무를 팼다. 우리는 사업 자금을 대기 위해 푼푼이 모아온 용돈을 합쳐 13달러 75센트를 마련했다. 매사추세츠주 소식지인 〈탑스필드〉에 '잭 라이언 우드'의 광고를 싣기로 했고, 모자라는 돈은 아버지께서 흔쾌히 보태주셨다.

며칠 뒤, 마당에서 잔가지 치는 전동기기를 시험해보고 있는

데 어머니께서 나를 부르셨다. "라이언! 전화가 왔는데? 장작을 사고 싶다는구나!" 나는 전화를 건 사람이 슈퍼맨이라도 되는 것처럼 한껏 신이 났다.

"여보세요? 잭 라이언 우드의 라이언입니다."

"장작을 2코드 사고 싶은데, 배달해줄 수 있소? 내일 5시까지 가져다주면 좋겠는데." 전화기 너머의 내 첫 번째 고객이 말했다.

열 살이었던 나는 완전히 날아갈 것 같았다. 곧 100달러를 손에 쥘 예정이었다. "배달이요? 당연하죠!" 나는 주소를 받아 적고 전화를 끊었다. 나는 부모님이 계시는 거실로 뛰어가 방금 첫 판매를 했다는 소식을 전했다. 아버지는 신문에서 잠시 눈을 떼시고는 "좋은 소식이구나. 잘했다"라고 말씀하셨다.

"2코드 팔았는데 배달을 해야 해요. 아버지가 도와주실 수 있나요?" 내가 물었다. 부모님은 내가 강아지 열두 마리를 가지고 싶다고 말하기라도 한 것처럼 나를 바라보셨다. 그때 어머니께서 하셨던 말씀이 내가 태어나서 처음으로 배운 중요한 사업 원칙이 됐다. "그럴 수는 없어. 라이언, 네 사업이잖니. 스스로 문제를 해결하렴. 사업을 하고 싶으면 알아서 문제를 해결할 수 있어야지."

동생의 장난감 트럭에 그 많은 장작을 싣고 갈 수는 없는 노릇이니 꽤 곤란한 문제였다. 손가락을 튕겨 운전면허증을 가진 어른으로 변신할 수 있으면 좋겠다고 생각하던 찰나 마당에서 시끄러운 소리가 났다. 아버지가 집수리를 비롯한 잡일을 맡기기 위해 고용한 비프가 내는 소리였다. 비프는 크고 새빨간 픽업

트럭을 가지고 있었다. 거래할 방법이 떠올랐다. "비프 형, 안녕하세요? 저랑 제 동생이 장작을 판매하는 사업을 시작했는데, 방금 첫 주문이 들어왔거든요. 혹시 형 차로 배달을 도와주실 수 있나요? 몫을 좀 떼드릴게요." 비프는 어깨를 으쓱하더니 휘두르고 있던 날카로운 도끼를 내려놓으며 말했다. "그럼. 운전은 해줄 수 있지." 이제 나의 첫 계약이 확실해진 셈이었다.

코드라는 말을 들어본 적이 없는 사람을 위해 설명하자면 가로 약 2.4미터, 세로 약 1.2미터, 높이 약 1.2미터로 장작을 쌓은 것이 1코드이고, 무게로는 어림잡아 2.3톤 정도다. 문제는 목재를 판다는 광고를 낼 때도, 전화 주문을 받아 배달까지 해주겠다고 약속할 때까지도 이런 계산을 해본 적이 없었다는 것이다. 잭과 나는 픽업트럭에 끊임없이 장작을 실었지만, 픽업트럭을 꽉 채워도 반 코드밖에 되지 않았다. 이런! 네 번이나 왔다 갔다 해야 했지만 비프에게는 이야기하지 않았다. 잭과 나는 트럭의 앞자리에 탔고, 첫 배달을 시작했다. 10분 뒤 우리는 아주 길고 구불구불한, 포장도 되어 있지 않은 어느 집의 마당 진입로에 도착했다. 우리의 첫 고객인 나이 든 남자가 우리를 향해 손을 흔들었다. "현관에 차를 대줄 수 있겠소?" 그가 소리쳤다.

내가 대답했다. "당연하죠!"

내 머릿속은 이런 거래를 몇 번만 더 하고 나면 이미 비디오카메라를 가질 수 있으리라는 기대로 가득했다. 그런데 어쩐 일인지 비프가 약간 화가 난 것 같았다. "꼬마야. 얘기했던 거랑은 다르잖아? 이렇게는 못 하지."

부탁은 정중하게 해야 한다고 강조하셨던 엄마 말씀을 떠올리며 내가 말했다. "제발 현관까지 가주시면 안 될까요? 멀지도 않은 것 같은데요." 차마 세 번이나 더 왔다 갔다 해야 한다는 사실을 말할 용기는 나지 않았다.

그때까지 나는 비프가 그렇게 무섭게 생겼는지 몰랐었다. "꼬마야 잘 들어. 여기는 미국이고 나는 내가 하기 싫은 일은 안 할 자유가 있단다." 그는 그렇게 선언하고는 트럭에서 내려 뒤쪽 트렁크를 기울이는 레버를 당겼고, 장작 1.2톤이 굉음을 내며 바닥으로 굴러떨어졌다. 장작들은 마당 진입로를 막았고, 데굴데굴 굴러 온 사방으로 흩어졌다. 도로가 폭발한 숲처럼 보였다. 비프는 우리에게 차에서 내리라고 명령하고는 픽업트럭으로 껍질이 다 벗겨지도록 장작을 가차 없이 짓밟으며 마당을 빠져나갔다. 나는 완전히 얼어붙었다. 나이 든 남자는 엉망이 된 마당을 보며 말했다. "얘야, 이 상태로는 한 푼도 줄 수 없단다. 게다가 양도 2코드에 한참 못 미치는 것 같구나. 보기만 해도 잘 알지."

나는 내게 일어나고 있는 일을 믿을 수가 없었다. 거래가 잘 되어가고 있었고, 새로 시작한 장작 사업으로 부자가 되는 첫걸음을 내디뎠다고 생각했다. 하지만 상황이 점점 험악하게 돌아갔고, 나는 그 상황을 어떻게 헤쳐나가야 할지 알 수 없었다. 고객과 한 약속을 지켜야 한다고 생각했지만, 한편으로는 울고 싶기도 했다. 사업을 함께 하자고 꼬드겨 여기까지 데려온 일곱 살짜리 동생과 이 많은 장작을 어느 세월에 옮기지? 남은 장작을 가져다줄 수 없게 됐다고 고객에게 어떻게 설명하지? 엄마가 보고 싶었다. 사업가의 길은 험난했고, 나는 아직 첫 판매도 제대로 끝내지 못한 상태였다. 내가 먼 미래에 통나무 장작이 아니라 수백만 달러짜리 집을 팔면서 훨씬 가혹한 상황들을 마주하게 되리라는 것을 열 살의 내가 알았더라면 좋으련만.

나는 식은땀을 흘리며 128번 도롯가에 통나무 반 코드와 일곱 살짜리 동생과 함께 덩그러니 남겨져 있었다. 그냥 집으로 가서 아무 일도 없었던 척해야 할까? 그러기에는 내가 너무 못된 아이가 되는 것 같았다. 우리가 떠나버리면 나이 든 집주인이 통나무를 혼자 주워야 할 텐데, 만약 통나무를 줍다가 쓰러지기라도 하면? 그럼 나는 살인자가 되는 것일까? 나이 든 남자가 경찰에 신고하면 통나무 판매를 제대로 끝내지 않고 도망갔다고 감옥에 가게 되지는 않을까? 게다가 비디오카메라를 살 돈을 마련하려면 약속한 돈을 다 받아야만 했다.

아버지께 조언을 구해야 할 것 같았다. 그러려면 집까지 걸어가야 했다. 나는 덜덜 떨고 있는 동생을 봤다. 상태를 보니 도저히 집까지 걸어갈 수는 없을 것 같아서 그를 수풀에 숨겼다. 약 3킬로미터를 걸어 집까지 가는 내내 나 자신에게 욕을 퍼부었다. 내가 무슨 생각을 했던 걸까? 시스템도 갖추지 않았으면서 왜 배달을 해준다는 약속을 했을까? 이렇게 중요한 일을 왜 비프에게 맡긴 걸까? 알고 보니 그는 전혀 믿을 수 없는 사람이었는데 말이다. 나는 부모님께 나의 첫 번째 사업 도전에 완전히 실패했다고 말하기가 두려웠다.

나는 겨우 집에 도착해 아버지께 무슨 일이 있었는지 사실대로 고했고, 일을 끝내고 돈을 받으려면 아버지의 도움이 필요하다고 이야기했다. 아버지께서 "정말 어려운 상황에 휘말렸구나. 아빠가 알아서 처리해주마"라고 말씀해주시길 바랐다. 하지만 일은 내가 바라는 대로 흘러가지 않았다. 아버지께서는 역정을 내셨다. 나무는 둘째치고 돈을 벌 욕심에 내가 누구도, 무엇도 신경 쓰지 않고 어린 동생을 도로변 수풀에 숨겼다는 데 화를 내셨다. 아버지는 코트를 챙기며 말씀하셨다. "우선 동생을 데려오마. 하지만 너는 네 일을 끝내야 할 거다. 이 사업을 시작한 건 너고, 너는 고객과 약속을 했다. 하기로 한 일을 마무리 짓지 않는다면 넌 아무것도 배울 수 없을 것 같구나."

고객의 집에 다시 갔을 때, 장작은 여전히 온 사방에 흩어져 있었고, 현관까지 장작을 모두 옮기는 데 장장 6시간이 걸렸다. 열 살 인생 중 가장 길게 느껴진 시간이었다. 너무 추웠고, 팔이 욱신거렸다. 어느 순간 나는 완전히 지친 상태로 자리에 주저앉았고, 또 눈물이 나오려고 했다. 그때 나를 도와주시던 아버지께서 "라이언, 힘들겠지만 네가 한 약속이다. 지금 네 감정이 어떻든 약속은 끝까지 지켜야 하는 거야. 그렇지 않으면 고객들은 네가 무슨 말을 해도 믿지 않을 거고, 너는 사업을 계속할 수 없겠지. 하지만 일을 다 끝내고 나면 큰 보상이 기다리고 있잖니. 지금 그만두면 힘들게 일한 게 모두 물거품이 된다. 그걸 원하지는 않겠지?"라고 충고하셨다. 그만두고 싶다는 생각이 잠깐 들기는 했다. 그저 집에 가고 싶었다. 하지만 결국 나는 반 코드를 현관으로 모두 옮겼고, 나이 든 고객에게 불편을 드려 죄송하다고 사과한 뒤 배달할 방법이 없어 약속했던 나머지 장작은 가져다줄 수 없게 됐다고 설명했다.

그는 마치 죽어가는 새끼 사슴을 보는 듯한 눈빛으로 나를 보더니 "오늘 가져다준 장작 값으로 25달러를 주마. 그리고 25달러를 더 줄 테니 어디로 찾으러 가면 되는지 말해주렴. 사람을 불러 내일 찾으러 가마. 너를 보니 어릴 적 생각이 나는구나. 거래할 테냐?" 나는 정신이 확 들었다. 우여곡절은 있었지만 나는 결국 50달러를 손에 쥐게 됐다. 원래 받기로 한 100달러를 다 받지 못한 것이 잠깐 분했지만, 거래를 제대로 끝내지 못한 것은 내 탓이었고 돈을 한 푼도 못 받는 것보다는 훨씬 나았다. 나는 당연히 거래하기로 했다.

—

교차로를 만났을 때

—

새로운 사업을 시작하든, 새 직장에 들어가든, 책을 쓰든, 체중을 감량하든, 아니면 슈퍼히어로 같은 몸을 만들든 인생에서 모험을 하다 보면 교차로를 만난다. 교차로란 성공으로 가는 길과 실패로 가는 길이 만나는 지점이다. 이 지점에 도착하면 기분이 몹시 언짢아진다. 모험을 시작할 때의 열정은 이미 사라져버린 상태이고, 얼마 전까지 굳건했던 목표를 꼭 이루겠다는 다짐도 흐지부지되어버린다. 산더미처럼 쌓인 문제들 사이에서 자신의 가능성을 의심하기도 한다. 몹시 기분 나쁜 경험이다. 교차로의 가장 무서운 점은 이 지점에서 무너지기 쉽다는 것이다. 성공이 바로 코앞에 보이는데도 전부 포기하고 싶을 만큼 의지가 약해져 있기 때문이다.

마음이 어둡고 암울하더라도 곳곳에 함정이 놓인 길을 헤쳐 나가려면, 힘을 내야 한다고 스스로 다독이며 성공으로 가는 길에 머무르기 위해 노력해야 한다. 그러면 결국 목표 지점에 도착할 수 있다. 아니면 교차로에서 포기할 수도 있다. 여기저기에 후회가 쌓인, 실패로 가는 길을 따라 기어가다 보면 결국 상처받은 영혼과 깨진 꿈들이 '좀 더 열심히 할걸'이라고 새겨진 비석 뒤에 묻혀 있는 무덤가에 다다르게 될 것이다. 이보다 무서운 생각이 또 있을까?

■ 열다섯 번째 코드 ■

**성공한 사람들은 약속을 지키기 위한 결정을 내린다.
아마추어들은 감정에 따라 결정한다.**

살면서 교차로를 수도 없이 만나게 될 것이다. 교차로에 섰을 때 내린 결정에 따라 결과가 얼마나 달라지는지 나는 잘 안다. 포기하고 싶다는 생각이 굴뚝같을 것이다. 고객과 동료에게 실망을 안겨주고, 평판을 깎아 먹고, 투자한 돈과 모든 약속을 무시하고 싶을 수도 있다. 하지만 자신에게 한 약속은 어떻게 할까? 꿈을 좇아 거대한 성공을 이루자고 자신과 한 약속은? 인생은 한 번뿐이다. 자신이 가진 능력을 발휘해 좋은 아이디어에 따라 행동하고 시간을 현명하게 사용할 수도 있고, 전부 포기할 수도 있다. 어떤 경우든 자신의 행동을 무를 수는 없다.

열 살 때도 나는 내 수고를 헛되게 만들고 싶지 않았다. 나는 매정한 비프와 나무를 자르고 트럭에 싣는 데 든 시간과 수풀에 동생을 숨기고 집까지 걸어갔던 수고를 생각했다. 모든 것을 포기하고 싶었을까? 아니면 비디오카메라를 원했을까? 답은 명확했다. 나는 잘라놓은 나무를 고객이 가져갈 수 있게 했다. 받을 수 있을 거라 예상했던 금액의 반을 받았고, 다음 날 바로 목재 사업을 접었다.

약속을 감정보다 중요하게 생각하면 어떤 곤란한 상황도 딛고 일어날 수 있다. 그러면 무엇도 당신을 막을 수 없다.

—

남들보다 멀리 가는 법
—

첫 사업을 위해 장작 배달을 도와달라는 내 부탁을 어머니께서 거절하셨을 때, 나는 성공하려면 문제를 스스로 해결해야 한다는 사실을 깨달았다. 그리고 비프가 줄행랑을 친 후 길가에 덩그러니 남겨졌을 때, 앞으로는 절대 다른 사람에게 의존해 성공할 생각을 하지 않겠다고 다짐했다. 아직 운전면허를 딸 나이가 안 된 아들을 위해 아버지가 읽던 신문을 내려놓으실 이유는 없었다. 원하는 것을 얻는 과정에서 문제를 해결하는 것은 누군가가 해줄 수 있는 일이 아니다. 우리에게 좋은 생각이 있다고 해서, 열심히 일한다고 해서, 아니면 엄청나게 재능이 있다고 해서 다른 사람이 우리를 반드시 도와주어야 하는 것도 아니다. 성공해서 돈을 쓸어 담고 싶다면 누워서 떡이나 먹으며 쉬고 싶은 순간에도 자신을 채찍질할 방법을 가지고 있어야 한다. 당신이 쓰러졌을 때, 몸을 일으켜 계속 성공의 길을 달리도록 응원하는 관중 따위는 없을 것이다. 누구든 큰 거래 하나를 성사시키거나, 베스트셀러 한 권을 쓰거나, 멋진 한 골을 넣을 순 있다. 축하할 일이다. 하지만 딱 한 번 반짝하고 사라지고 싶지 않다면, 성공의 맛을 계속 보고 싶다면 멈추지 않고 달릴 수 있는 에너지가 필요하다.

성공적이고 열정적인 어른은 자리에 드러누워 울고 싶더라도 자신이 한 약속을 지킨다. 이는 아마추어와 전문가의 차이이기도 하다. 당신이 모든 결정을 감정에 따라 내리고 있다면, 아직 갈 길이 멀다는 뜻이다. 반대로, 약속에 따라 행동하고 있다면 프로가 되는 길을 잘 걷고 있다는 의미다. 나는 나 자신과 우리 회사에 성공하겠다고 약속했고, 그 약속을 지키기 쉽도록 다음과 같은 시스템을 만들었다.

▪ 보호벽

엄격한 규칙과 집중력, 흠 없는 시스템으로 만들어진 벽을 떠올려보자. 이것은 당신의 성공을 보존하고 보호하기 위해 세운 보호벽이다. 당신의 성공을 감싼 벽이 얼마나 튼튼한지 가만히 생각해보라. 일할 시간이 됐을 때 곧장 일을 시작하는가, 아니면 노트북을 켜기 전 주전부리를 하거나 딴짓을 하느라 20분 넘게 소비하는가? 솔직하게 이야기하자. 일주일에 네다섯 번 친구들과 코가 삐뚤어지게 술을 마시고 늦잠을 자는 바람에 아침 운동도 거른 채 비몽사몽 일하러 간다면, 곧 무너질 허술한 벽 속에 성공을 보관하는 셈이다.

내 벽은 튼튼하다. 나는 달콤한 아침잠의 유혹을 뿌리치고 매일 아침 헬스장에 가고, 건강한 도시락을 챙겨 다니며 식사 시간으로 정한 시간에만 음식을 먹는다. 그리고 일요일부터 금요일까지 15분 단위로 신중하게 일정을 짠다. 짧은 전화 통화는 15분짜리 블록 한 개 안에 넣고, 회의의 경우에는 15분짜리 블록 여섯 개를 할당하기도 한다. 일하기 싫을 때도 고객, 함께 일하는 사람들, 나 자신과 한 약속을 생각하며 꾀를 부리지 않는다. 잠들기 전에는 다음 날 할 일을 미리 검토하고 마음의 준비를 해둔다. 가는 길이 험해지더라도 나를 계속 앞으로 나아가게 하려면 이런 보호벽이 필요하다.

자신에게 무엇이 필요한지 생각해보자. 방해물을 제거하고, SNS 계정을 닫고, 업무가 끝나기 전에는 만날 수 없다고 친구들에게 말해두는 것이다. 어질러진 책상 때문에 주의가 산만해지다면 하루를 마무리하기 10분 전에 책상을 정리해서 다음 날 업무 시작과 함께 집중할 수 있도록 해두자. 계속 자극받을 수 있도록 목표를 적은 목록을 인쇄해두자. 프로젝트를 잘 마쳤을 때 자신에게 선물하려고 찜해둔 가방이 있다면 가방 사진을 인쇄해 잘 보이는 곳에 붙여둬도 좋다. 당신이 그 가방을 꼭 사게 됐으면 좋겠다. '집중 업무 모드'를 일정표에 추가하고 화재가 나거나 고질라의 공격을 받는 등 재난 상황이 발생하지 않는 이상 그 시간만큼은 방해받지 않게 하자.

아기들은 언제 먹고 언제 낮잠을 잘지, 언제 배로 기는 연습을 할지 엄격한 시간표에 따라 하루하루를 보낸다. 어른이 된 우리는 스스로 결정을 내릴 수 있으니 그런 보호벽이 필요 없다고 생각하지만, 그렇지 않다. 살아남기 위해 그리고 더 성장하기 위해 보호벽은 반드시 필요하다.

■ 계획

계획은 어떻게 성공할지를 말해주는 로드맵이다. 하루하루 열심히 살고 있더라도 목적을 가지고 앞으로 나아가려면 계획이 있어야 한다. 원하는 것을 어떻게 얻을 생각인가? 목표를 이루는 데 필요한 자원과 도구를 생각해보자. 당신이 원하는 곳까지 가는 데 도움을 줄 수 있는 사람들과 인연을 맺어라. 회계 업무나 빨래를 대신 해줄 사람을 고용하는 것도 여기에 포함된다.

시간을 아끼는 데 필요한 투자를 해라.

실천할 수 있는 단계를 정하고, 진행 상황을 계속 검토해야한다. 하지만 주의해야 할 점이 있다. 때로 우주가 우리의 계획을 보고 비웃는 것처럼 느껴질 때가 있을 것이다. 끊임없이 전진해 강만 건너면 성공을 거머쥘 수 있다고 생각하는 곳까지 왔는데, 눈앞에 있던 다리가 물에 떠내려갔다고 해보자. 무턱대고 강 저편으로 점프할 것인가, 아니면 비탈을 내려가 물로 뛰어들 것인가? 또는 다른 방향을 찾거나 새로운 다리를 지을 것인가? 필요에 따라 진로를 바꿀 수 있어야 다른 사람들이 물가에 서서 다 잃었다고 생각할 때도 성공의 맛을 볼 수 있다. 당신은 아직 다 잃지 않았다. 다른 전략을 사용한다고 해서 실패했다는 뜻은 아니다.

뉴욕에 처음 왔을 때 나의 계획은 인기 있는 배우가 되는 것이었다. 그 계획이 틀어지고 돈이 다 떨어졌을 때, 계획은 바뀌었지만 성공하겠다는 마음만큼은 바뀌지 않았다. 월세 세입자를 잘 찾는 중개인이 되기로 했지만 할 수 있는 일의 범위는 제한적이었다. 지금까지 해온 일을 계속하면서 어느 정도의 성공에 만족하지 않기로 하고, 계획을 수정해 더 큰 성공에 도전했다. 주택 매매 거래를 맡으면서 내가 원하는 목표를 더 빨리 이룰 수 있었다. 매매 거래를 시작한 덕분에 나는 훨씬 멀리 갈 수 있었고, 더 많은 것을 탐색해보고 싶어졌다. 현재 나는 매년 새로운 영역으로 관심을 넓혀가려고 계획하고 있다.

자기만의 계획을 세울 때는 얼마나 멀리 갈 수 있을지 생각한 다음 어떤 도구와 자원이 필요한지 파악해야 한다. 그리고 발밑에 커다란 돌덩이가 놓였을 때 언제든 방향을 바꿀 수 있도록 마음의 준비를 해둬야 한다.

▪ 꾸준함

건강한 보호벽을 쌓고 계획도 세웠고, 필요할 때 계획을 수정할 수도 있게 됐다. 이제 바로 성공할 수 있지 않을까? 아직은 아니다. 수백만 달러를 버는 사람들은 해야 할 일을 다 한다고 해서 예쁘게 포장된 성공이 바로 내일 현관문 앞에 배달되지는 않는다는 사실을 잘 안다. 그럼 언제 성공할 수 있다는 것일까? 다음 달, 내년? 10년 뒤? 누구도 장담할 수 없다. 다만, 성공은 장기전이다. 그 말은 성공이 우리를 기다린다는 보장이 없더라도 끊임없이 일하고 약속을 지켜야 한다는 뜻이다. 다른 사람보다 멀리 가려면 지구력과 끈기를 가져야 하고 불확실함에 적응해야 한다.

성공하기로 한 자신과의 약속을 지키기 위해 무엇까지 해야 할지는 아무도 모른다. 지난주에 고객에게 매물을 보여줄 약속이 있었다. 어퍼이스트사이드에 있는 방 세 개, 베란다 네 개를 갖추고 센트럴파크 뷰까지 있는 집이었다. 천하를 발밑에 둔 것 같은 느낌이 드는 그 집의 호가는 1,400만 달러였다. 밖은 섭씨 38도에 육박했고, 정장 안의 셔츠가 푹 젖을 정도로 땀이 났다. 주방에 들어섰을 때 나는 속으로 '이런 젠장!'이라고 욕을 뱉을 수밖에 없었다. 주방에 있던 비싼 대리석 상판에서 바퀴벌레 떼가 파티를 벌이고 있었다. 뉴욕의 눈부신 여름이 물씬 느껴지는 센트럴파크 뷰를 싹 잊어버리게 할 수 있는 것이 무엇인지 아는가? 주방을 신나게 활보하는 바퀴벌레들이다. 몇 분 후면 고객이 도착할 예정이었고, 나는 이 작은 괴물들을 빨리 무찔러야 했다. 바퀴벌레를 보고 울거나 비명을 지르지도 않았고, 아파트 관리인에게 전화하지도 않았다. 혼자서 직접 문제를 처리했다. 나는 성공하기 위해 100퍼센트 헌신할 준비가 돼 있었고, 체면이 깎이는 일이라고 생각해 몸을 사리는 순간 나는 설 자리를 잃게 될 것이기 때문이다.

경쟁에서 살아남으려면 성공으로 가는 길을 걷는 속도를 유지해야 한다. 무슨 일이 있어도 할 일을 제때 처리해야 한다는 뜻이다. 정상에 서고 싶다면 나 자신과 한 약속에 완전히 헌신해야 한다. 맨손으로 바퀴벌레를 짓이겨야 할지라도 말이다. 내가 바라는 성공으로 나 자신을 이끄는 것은 누구의 일도 아닌 바로 나의 일이다. 당신은 어떤가. 목표를 위해 완전히 헌신하고, 다른 사람보다 높은 곳에 설 준비가 됐는가? 당신의 꿈을 위해 헌신하지 못하게 하는 방해물은 무엇인가?

성난 비프가 통나무로 도로를 꽉 막아버렸을 때, 아이러니하게도 나는 성공의 길에 발을 들이게 됐다. 나는 말 그대로 길 위에 서 있었고 선택을 해야 했다. 내가 벌인 일을 마무리 짓는 방법을 찾을 것인가, 아니면 내가 만들어놓은 엉망진창에서 도망쳐 과자를 먹으며 만화영화나 보는 어린이의 일상으로 돌아갈 것인가? 삶은 우리에게 아무 때고 크고 작은 방해물을 던져준다. 어떤 방해물이 언제 날아들지 우리가 통제할 수는 없지만, 어떻게 대응할지는 선택할 수 있다. 계획을 계속 밀어붙이며 동원할 수 있는 모든 자원을 사용하면서 앞으로 나아갈 것인지, 춥고 외로운 길가에 주저앉아 모든 것을 포기할 것인지는 우리에게 달렸다. 가끔 포기하고 싶을 때가 있겠지만, 처음 그 길에 들어선 이유를 생각해보라. 책을 쓰거나 사업을 하거나 집을 사겠다는 꿈을 위해서가 아니었는가? 이유가 무엇이었든 당신이 원하는 성공은 아직 당신의 것이다. 단, 계속 앞으로 나아갈 때만 쟁취할 수 있다. 몇 분이 걸릴 수도 있고 몇 시간, 며칠, 몇 주, 몇 달, 몇 년이 걸릴 수도 있을 것이다. 그렇지만 성공이 눈앞에 보이는 지점에 다다르면, 이제껏 들인 시간과 노력이 헛된 것이 아니었다는 사실을 깨닫게 될 것이다.

11. 원탁을 만들자

거래를 성사시키기 위해 중범죄를 저지르거나 동물을 해치는 것 외에 내가 하지 않을 일은 거의 없다. 거래를 하면서 최선을 다하는 사람이라는 평판을 유지하는 것이 내 성공의 비결이기 때문이다. 나는 한밤중에 집을 보여준 적이 있고, 어마어마하게 큰 파티를 열어본 적도 있으며, 리본 만들기가 취미인 여성 고객을 위해 집을 공방처럼 꾸민 적도 있다. 자기 분야에서 최고가 되고 싶으면 자신에게 끊임없이 물어야 한다. '내가 할 수 있는 또 다른 일이 있을까?' 특이한 답례품, 파티, 아니면 우스꽝스러운 행동을 해서 고객들에게 내가 업계 최고라고 확실히 알릴 수 있다면, 나는 무엇이든 할 준비가 돼 있다.

최근 내가 생각해도 별걸 다 한다고 혀를 찰 만한 일을 한 적이 있다. 모든 상황은 상하이에 사는 돈 많은 재력가 아버지를 둔 윙이라는 대학생에게 웨스트 67번가에 있는 1,100만 달러짜리 아파트를 팔면서 시작됐다. 집을 사고 몇 달 뒤, 윙이 전화를 걸어와서는 자기 아버지 윙 사장님께서 집을 따로 하나 사고 싶어 한다고 이야기했다. 우리는 윙 씨에게 영상통화로 여러 매물을 보여주었고, 그는 파크 애비뉴의 새 건물 34층에 있는 집을 사고 싶다고 했다. 호가가 무려 4,000만 달러였다. 나는 마법의 힘을 사용해 가격을 3,600만 달러까지 내리는 데 성공했고, 윙 씨가 계약서에 서명하고 보증금만 내면 거래가 마무리될 예정이었다.

그런데 모든 것을 없던 일로 만들 수 있는 별것 아닌 문제가 발생할 조짐이 보였다. 윙 씨는 금리가 낮은 김에 대출을 받고 싶다고 했다. 대출을 받아도 상관없었지만, 대출이 실행되려면 시간이 걸릴 것이고 당장 현금을 내고 그 집을 사겠다고 할 사람이 넘쳐난다는 게 문제였다. 설상가상으로 바쁜 섬유 재벌 윙 씨와는 연락이 잘 되지 않았다. 그의 아들 윙은 자기 아버지가 반드시 그 집을 살 것이라고 장담했고, 아들 윙을 봐서라도 그가 거래를 무를 리는 없을 것 같았다.

상대방 측 중개인이 어서 보증금을 넣으라고 채근하기 시작했다. 섬유 공장에 무슨 급한 사정이 있는지는 모르지만 나도 3,600만 달러짜리 거래를 놓칠 수는 없었다. 나는 내 주거래 은행에 전화를 걸어 내 계좌에서 180만 달러를 이체해달라고 부탁한 다음 계약서에 서명까지 하고 말았다.

서명을 마치고 펜을 내려놓는 순간 깨달았다. 맙소사, 내가

3,600만 달러짜리 집을 계약하다니. 대체 무슨 생각이었을까? 윙 씨는 내 전화를 받지 않았다. 이메일에도 답이 없었다. 등골이 오싹했다. 경매장에서 재채기를 잘못하는 바람에 피카소 그림을 사게 된 셈이었다(미술품 경매장에서 코를 만지는 것은 지금까지 나온 가격보다 더 높은 가격으로 작품을 사겠다는 의사 표시다-옮긴이). 나는 내 평판을 깎아 먹고 싶지 않았다. 상대편 중개인에게 전화를 걸어서 "사실 그 집 내가 산 건데, 나는 그만한 돈이 없어⋯. 정말 미안해"라고 사정하고 싶지 않았다. 윙 씨는 그 집을 정말 사고 싶어 했고, 다른 매수인이 그 집을 사도록 놔둘 수는 없었다.

내가 할 수 있는 일은 하나뿐이었다. 나는 나와 윙 그리고 세계에서 대출 업무를 제일 정확하게 처리하는 은행원이자 이 무모한 거래가 성사될 수 있도록 도와준 스콧 몫까지 상하이행 비행기표 석 장을 샀다. 계약서에 서명을 받아 내 180만 달러도 돌려받을 수 있도록 윙 씨와 토니 차우라는 그의 사업 관리인을 만날 약속까지 잡아두었다. 어쨌든 조금은 안심이 됐다.

내 인생을 통틀어 가장 길게 느껴졌던 비행이 끝나고, 공항으로 마중을 나온 토니 차우 씨의 차를 탔다. 윙 씨와는 다음 날 만나기로 했고, 마음 같아서는 잠이나 자고 싶었지만 저녁 시간을 때울 만한 무언가를 찾기로 했다. 우리는 짝퉁 시장에 잠시 들렀다. 짝퉁 아이폰, 짝퉁 핸드백, 눈에 보이는 모든 것이 가짜였다. 나는 근사한 짝퉁 페라리 폰을 하나 장만했다. 이제는 정말 호텔로 가서 침대 위에 쓰러지고 싶었지만, 토니 씨는 생각이 다른 듯했다. 그가 갑자기 차를 나이트클럽 앞 인도에 세웠다.
"자, 이제 좀 놀아볼까요?"

나이트클럽 안은 아주 시끌벅적했다. 토니 씨는 스카치위스키를 한잔하더니 우리를 '미국인 친구들'이라 부르며 클럽 안의 대부분 사람을 소개해주었다. 새벽 3시가 가까워져 오자 나는 눈앞이 흐리게 보일 정도로 지쳤다. 스콧이 보이지 않았다. 대체 어디 간 거야? 토니 씨가 이제 나가자며 내 소매를 잡아끌었고, '잠깐, 토니 씨가 운전을 해도 되나?' 하는 생각이 들었다. 그의 혈중 알코올 농도를 따져볼 새도 없이 나는 그의 차 앞자리에 처박혔다. 토니 씨는 빨간불에도 아랑곳하지 않고 상하이 시내를 질주하기 시작했다. 우리는 골프장처럼 꾸며진 그의 집에 도착했다. 한 번도 와본 적 없는 지구 반대편 어마어마한 대도시가 아니라 어느 섬에 와 있는 듯했다. 나는 대체 어디에 와 있는 걸까?

토니 씨는 곧 곯아떨어졌다. 내가 어디에 있는지, 스콧은 또 어디에 있는지 알 길이 없었다. 내 휴대전화는 방전됐고, 유선전화기도 찾을 수 없었다. 토니 씨의 차를 훔쳐 달아날까 생각했지만 어차피 도로 표지판을 읽을 수 없을 것 같아 포기했다. 상황이 꼬여가고 있었다. 윙 씨와의 만남이 2시간 남아 있었다. 토니 씨는 몰라도 나는 반드시 그 자리에 있어야만 한다. 윙 씨를 만나 계약서에 서명을 받고 내 돈도 돌려받으려고 지구 반 바퀴를 돌아왔는데 상황이 이렇게 꼬이다니! 그때 무슨 소리가 들렸다.

짝퉁 시장에서 산 페라리 휴대전화가 울리고 있었다. 수화기 너머로 스콧의 목소리를 들으니 마음이 한결 놓였다. 다행히 그는 살아서 호텔에 돌아가 있었다. 스콧은 프런트데스크 직원에게 자기 친구가 '납치됐다'고 최선을 다해 설명했고, 호텔 직원은 토니 씨의 집으로 택시를 보내주겠다고 했다. 택시가 도착했을 때 토니 씨는 반쯤 먹다 만 아이스크림을 쥔 채 욕조 안에 완전히 뻗어 있었다. 나는 호텔로 가는 택시 안에서 몇 분이나마 눈을 붙였다. 호텔에 도착해 뺨을 다섯 대 정도 때린 후 씻고 나갈 준비를 마쳤고, 스콧에게는 밤새 내가 어디에 있었는지 나중에 설명하겠다고 이야기했다. 우리는 우여곡절 끝에 웡 씨의 사무실에 제시간에 도착할 수 있었다.

사무실 문이 열렸고, 놀랍게도 문 안에는 토니 차우 씨가 아주 말끔한 모습으로 서 있었다. 불과 2시간 전만 해도 욕조 안에 널브러져 있던 그가 너무나 멀쩡하게 서류와 수표를 가지고 나를 기다리고 있었다. "웡 사장님께서 라이언 씨의 헌신을 감사하게 여기시며, 영광스러운 거래를 진행하시겠다고 하십니다." 네, 멋지네요. 계약서에 서명을 받고 180만 달러를 돌려받은 뒤 토니 차우 씨와 그의 파티를 머릿속에서 모두 지울 수 있었다.

나는 최선 그 이상을 해냈다. 끔찍한 경험이었지만 어쨌든 3,600만 달러짜리 거래를 지켜냈으니 그만한 가치가 있었던 셈이다. 상대방 측 중개인에게 거래를 무르고 싶다고 전화를 걸지 않아도 된다는 사실에 안도하며 돌아오는 비행 내내 꿀맛 같은 잠을 잤다. 불가능한 거래를 성사시키기로 유명한 내 명성도 온전하게 유지할 수 있었다.

보통을 넘어서자

거래 때문에 납치(비슷한 것)를 당한 적은 그때가 처음이자 마지막이었고, 거래를 지키기 위해 내 개인 계좌를 사용한 것도 마찬가지였다. 계약금 수백만 달러를 넣고, 계약서에 서명하고, 중국까지 날아가서 매수자 측 사업 관리자에게 납치당하는 것보다 최선을 다할 수 있을까? 아마 없을 것이다. 분명 비현실적으로 극단적인 예시이기는 하지만, 만약 '최선을 다하는 중개인'이라는 평판이 없다면 나는 이름 없고 얼굴 없는 그저 그런 중개인으로 남았을 것이다.

당신의 평판은 당신이 가진 가장 강력한 무기다. 자리를 비웠을 때 사람들이 당신에 대해 어떻게 이야기하는지도 모르면서 성공할 수 있다고 생각한다면, 틀렸다. 당신이 세상에 뿜어내는 에너지가 합쳐져 당신의 평판이 된다. 누구나 함께 일하고 싶어 하는 가장 똑똑하거나 가장 효율적으로 일하는 사람으로 알려질 수도 있고, 혁신적이고 특별한 방식으로 문제를 해결한다고 알려져 문제가 생겼을 때 가장 먼저 찾는 사람이 될 수도 있다. 당신의 평판은 곧 브랜드다.

세상이 당신을 냉혹한 승부사나 냉철한 사업가로 봐주기를 바란다면 반드시 갖춰야 할 자질이 몇 가지 있다. 다만, 이런 자질들은 서로 균형을 이뤄야 한다. 어떤 자질이 얼마나 필요한

지 알고 싶으면 저녁 식사에 손님을 초대한다고 생각해보라. 다양한 관심사와 배경을 가진 여러 유형의 사람들이 잘 섞여 저녁 식사 분위기가 화기애애하길 바랄 것이다. 가장 높은 수준의 성공을 이루려면 당신의 '식탁'에는 좋은 평판과 건전한 경쟁심, 의욕이 떨어졌을 때 열정에 다시 불을 지피는 데 필요한 아주 약간의 복수심, 강한 집중력, 백만장자가 되겠다는 원래 목표를 잊지 않도록 삶이 던져주는 과제를 잘 해결하는 요령이 있어야 한다. 이들은 모두 똑같이 중요하다. 하나가 너무 과해서 다른 자질에 그늘을 드리운다면 성공의 기운은 힘을 잃고 만다. 그리고 당신은 경쟁심만 넘쳐나는 사람 또는 복수심에 불타는 미친 사람으로 낙인찍히고 말 것이다. 좋은 에너지를 풍기는 사람으로 기억될 리가 없다.

원탁은 새로운 발상이 아니다(원탁의 역사는 아주 길다). 아서 왕과 그의 기사가 아주 큰 원탁에 모였다는 전설을 기억할 것이다. 그의 탁자가 원형인 데에는 이유가 있다. 모두가 평등하고 모두의 아이디어가 중요하며, 기사 하나가 불쑥 "여기서 내가 제일 쌜 수 있는 놈인 것 같으니 상석에 앉아야겠군. 아서, 당신은 좀 비켜주시지"라고 말할 수 없었다는 뜻이다. 왕조차도 다른 기사들보다 특별한 자리를 차지할 수 없었다. 원탁에서는 경쟁심이 다른 요소를 밀어내 균형을 깨거나 당신이 지닌 성공의 기운을 꺼뜨릴 수 없다.

2008년에 부동산 매매 중개를 시작했을 때, 나에게는 나를 위해 일하는 팀이 없었다. 하지만 모든 일을 혼자 해낸 것은 아니었다. 나에게 조언을 해주고 사랑의 매를 들어줄 나만의 원탁이 있었다. 당신이 혼자 일하든 엄청나게 큰 회사에 속해 있든, 조언과 영감을 얻을 수 있는 자신만의 원탁을 마음속에 꾸며보길 바란다.

▪ 평판

좋은 평판을 얻기 위해 중국까지 날아갈 필요는 없다. 하지만 당신이 속한 커뮤니티 안에서 사람들이 당신을 어떻게 생각하는지는 알아야 한다. 만약 '그냥 괜찮은 사람'이라는 평가를 듣고 있다면 당신의 능력을 세상에 보여주기 위해 어떤 단계가 필요할지 고민해봐야 한다. 인맥을 더 넓히고 현재의 고객과 잠재 고객에게 당신의 성과를 더 알려야 할 수도 있다. 당신의 평판은 잡초처럼 어디에서나 자랄 수 있다. 따라서 당신의 주변을 채운 에너지가 긍정적이어야 한다. 평판은 자신을 평가하는 기준을 제공하기도 한다. 당신이 '엄청나게 똑똑한 재무 설계사'로 통한다면 그 평판을 유지하도록 노력해라.

▪ 경쟁심

부동산 업계에 처음 발을 들였을 때부터 나는 항상 경쟁심에 불타올랐다. 경쟁심을 느낀 첫 상대는 같은 사무실을 쓰던 벤이었다. 그는 내가 거래를 한 건 성사시키려고 아등바등할 때 3초에 한 건씩 월세 계약을 성사시키곤 했다. 방송에 출연했을 때는 함께 출연했던 프레더릭이 내 경쟁 상대였다. 프레더릭은 쇼에 출연할 때 나보다 나이도 경험도 한참 많았고, 그를 따라잡기 위해 나는 엄청나게 노력해야 했다. 코로나19가 한창일 때 사업을 시작한 뒤로는 뉴욕시에 있는 모든 부동산회사가 내 경쟁 상대가 됐다. 지금은 경쟁 상대를 더 넓은 범위에서 찾고 있다. 뉴욕시에서 주택 매매를 중개하는, 이 원고를 쓰고 있는 동안에도 내 뒤를 바짝 쫓고 있는 수천 명에 달하는 부동산 중개인이 내 경쟁 상대다.

경쟁 없이는 게임이 되지 않는다. 경쟁심은 우리가 능력을 갈고닦도록 도와주고, 상대를 밀쳐낼 힘을 준다. 생각해보라. 펩시가 없다면 코카콜라가 없었을 것이고, 아디다스가 없었다면 나이키도 없었을 것이다. 애플이 없었다면 마이크로소프트도 없었을 것이다. 혼자 하는 경기에서 1등은 아무 의미가 없다.

우리는 누구와도 경쟁할 수 있다. 좋은 아이디어를 가지고 실수 한 번 없이 실행에 옮기는 동료나 발표를 언제나 멋지게 마무리하는 상사, 뛰어난 협상가인 친구, 심지어 한 번도 만나보지 못한 사람과도 경쟁할 수 있다. 현재 삶에 100퍼센트 만족하지 않는 이상 경쟁심을 돋워줄 성공 모델이 있어야 한다. 최고 수준의 성공을 거둔 사람들을 모델 삼아 어떤 모습이 되고 싶은지 상상해보라. 지금 당장 SNS에서 그들을 팔로우해보자. 그들이 쓴 기사를 읽거나 그들의 명언들을 적어서 잘 보이는 곳에 붙여놓아도 좋다. '내 인생도 저렇게 될 거야. 그때까지 멈추지 않을 거야'라는 생각이 드는 사진을 모아 폴더를 만들자. 영감을 받고, 성공에 도움이 될 만한 행동을 하고, 성공한 사람들을 따라 해보자.

처음 부동산 일을 시작했을 때 나는 이 일을 그다지 진지하게 생각하지 않았다. 나는 도시에서 자라지 않았고, 명문 학교에 다니지도 않았다. 뉴욕에 아는 사람도 없었고, 뉴욕 사람들이 거의 들어본 적도 없는 이제 막 생긴 중개 사무소에서 일을 시작했다. 혼잡한 도로에 가면 자주 길을 잃었다. 다른 중개인들은 나를 두고 "라이언 서핸트? 골 때리는 사람이야! 허구한 날 길을 잃는다니까"라고 떠들어댔다. 사실 그런 말들은 굉장히 상처가 됐다. 화가 나기도 했다. 인정하고 싶지는 않지만 내 비싼 정장 셔츠 안에는 아주 커다란 '길치' 칩이 숨겨져 있었다. 우스운 사람 취급을 받은 것이 아직 분하긴 하지만, 나는 그 화가 폭발 일보 직전의 분노로 번지지 않도록 조심한다. 분노는 당신을 산 채로 집어삼킬 수 있고, 힘을 분노에 다 빼앗긴 상태로는 어떤 경쟁도 할 수 없다. 대신 그 불씨를 마음속에 약간만 품고 있으면, 당신의 능력을 의심하는 사람들에게 틀렸다는 것을 증명하고 모든 일에 최선을 다할 수 있을 것이다.

▪ 조력자

엉뚱한 질문을 하나 해보겠다. 경주마가 눈가리개가 달린 마스크를 쓰는 이유를 아는가? 사람들에게 보이기 위해서가 아니라 다른 중요한 이유가 있다. 경주마가 달릴 때 아주 잠깐이라도 시선이 분산되면 속도가 나지 않기 때문이다. 눈가리개는 경주마가 우승이라는 자기의 임무에 100퍼센트 집중할 수 있게 해주는 장치다. 세계적으로 명성을 떨친 경주마 세크리테리엇은 자신의 라이벌 샴이 가까이 오는지 보려고 뒤를 돌아보지 않았다. 대신 눈을 결승선에 고정한 채 전력을 다해 달렸다.

승자는 오직 승리에 집중한다. 눈가리개를 할 수는 없지만, 사람 역시 자신이 이미 승자인 것처럼 성공이라는 목표에 100퍼센트 집중력을 발휘해야 한다. 물론 쉽지 않다. 능력을 스스로 의심하기도 하고, 실패에 대한 두려움에 주저앉기도 하고, 약간 앞서 달리는 경쟁자 때문에 집중력을 잃기도 한다. 그래서 우리와 함께 테이블에 앉아 정면을 보라고 지적해줄 사람이 필요하다. 그들은 잠시 멈추고 싶은 순간에도 계속 달릴 수 있도록 당신을 도와주는 조력자다.

매주 일요일 운동을 마치고 집에 돌아왔다가 사무실에 출근하기 전, 딸 제나와 데이트하는 시간을 정해두고 함께 시간을 보낸다. 제나는 아직 말도 서툴지만 우리는 언어나 7억 5,000만 년 전 대륙의 위치, 어른이 되면 세상을 정복하겠다는 제나의 꿈과 같은 흥미로운 주제로 대화를 나누곤 한다. 제나의 희망찬 미소는 미국 근대 역사상 가장 힘든 시기에 새로운 회사를 차리면서 느끼는 나의 엄청난 두려움과 의심을 사라지게 해준다. 불안정한 경제 상황과 그에 따른 위험, 재정적 압박 때문에 일이 뜻대로 흘러가지 않을 수 있지만 나는 실패하지 않을 것이다.

제나는 나의 조력자다. 목표를 높게 잡고 열심히 일하고 집중력을 잃지 않는다면 무엇이든 가능하다는 사실을 제나에게 보여주기 위해 나는 무엇이든 할 수 있다. 당신의 조력자는 당신의 노력을 그만한 가치가 있도록 만드는 사람이며, 실망시키고 싶지 않은 사람이다. 배우자일 수도 있고, 자녀나 형제 또는 당신 자신일 수도 있다. 누구든 상관없다. 중요한 것은 조력자를 실망시키지 않으려 노력해야 한다는 것이다.

■ 열여섯 번째 코드 ■

모든 목표는 성공했을 때 어떤 모습일지 그릴 수 있어야 한다.
성공했을 때 자신이 어떤 모습일지 매일 상상해라.

■ 성가신 업무 처리하기

인생이 무작위로 던져주는, 시간을 허비하게 하는 과제들을 어떻게 해결할 것인지 생각해두지 않으면 놀랄 만한 성공은 거둘 수 없다. 성공의 사다리를 오르다 보면 시간과 에너지를 잡아먹는 과제들을 도와줄 사람들을 찾는 건 점점 쉬워진다. 하지만 해야 할 일 목록에서 당장 없앨 수 있는 과제가 있을까? 매매 중개를 맡기 시작했을 때 나는 빨래를 직접 하지 않고 빨래방에 맡기면 시간을 아낄 수 있다는 사실을 깨달았다. 아낀 시간을 돈을 더 버는 데 사용할 수 있었으므로, 빨래를 맡기는 데 드는 비용은 충분히 가치가 있다고 할 수 있다. 신입 중개인을 밑에 들여 고객에게 집을 보여주는 일을 맡긴 후로는 원래 있던 사업 외에 새로운 사업을 시작해 수입을 늘릴 방법을 연구할 수 있게 됐다.

지금까지 경력을 쌓는 동안 시간을 아껴 생산적인 일에 쓰려고 두 가지 성가신 업무를 손에서 놓았는데, 바로 음식 준비와 교통수단이다. 매일 커다란 점심 도시락이 우리 집으로 배달된다. 도시락 안에는 종일 먹을 수 있는 음식이 들어 있다. 건강한 식사와 단백질 셰이크 2통, 기름기 없는 고기와 풍부한 채소로 만든 음식, 온종일 기운차게 일하게 해줄 간식 정도다. 나는 어디에서 무엇을 먹을지 생각하면서 1분도 보내고 싶지 않다. 푸짐한 도시락 하나면 문제가 해결된다. 약속 사이에 차 안에서 일을 할 수 있도록 나 대신 정신없는 맨해튼 거리를 운전해주는 운전기사 유리도 도움이 많이 된다. 내 차는 보조 사무실이고, 다른 장소보다 차 안에서 있는 시간이 더 긴 날이 있을 정도다. 운전기사를 고용하고 난 후 하루 동안 처리할 수 있는 일의 양이 두 배로 늘었다. 이 두 가지 과제를 다른 사람에게 맡기면서 얻게 된 가치는 돈으로 환산할 수 없다.

어떻게 하면 성가신 업무를 처리해서 덜 지칠 수 있을지 생각해보라. 당신을 도와주는 팀이 있다면 팀원 중에 일손을 덜어줄 사람이 있는지 생각해보고, 혼자 일하는 사람이라면 빨래·청소·장보기를 대신 해줄 사람을 고용할 수 있을지 알아보라. 경력을 한 차원 더 높은 수준으로 끌어올리려면 이런 지원의 중요성을 얕봐서는 안 된다. 더 많은 일을 할 수 있도록 업무 처리 방법을 다시 검토해보자.

—

외로운 백만장자는 없다

—

누구도 혼자 성공할 수는 없다. 수백만 달러를 벌게 되기 한참 전부터 나를 밀어주고 계속 앞으로 나아가야 한다는 사실을 일 깨워준 중요한 사람들이 있었다. 내가 일을 관두고 싶어 했을 때 우리 형 지미가 "그렇게 생각 없이 굴지 좀 마"라고 꾸짖어주 지 않았다면 지금 내가 무엇을 하고 있을지 상상도 할 수 없다. 에밀리아가 "승자처럼 속으로 울어"라고 일깨워주지 않았더라 면 수백만 달러를 벌 수 없었을 것이고, 아마 TV에 나와서 눈물 을 보이는 일도 훨씬 잦았을 것이다. 혼자서 모든 일을 해야 할 것 같은 생각이 들겠지만 아무런 지원 없이 성공할 수 있는 사 람은 없다. 백만장자들은 모두 경쟁자, 자신을 깎아내리는 사람 들에게도 자극을 받고 힘을 얻는다. 고객이나 손님의 도움 없이 명성을 얻을 수 있는 백만장자는 없고, 종일 밀린 빨래만 붙잡 고 있는 사람도 절대 부자가 될 수 없다.

내 이전 사무실은 평범했다. 로비, 회의실, 줄줄이 놓인 책상 과 전화기 여러 대, 오후의 나른함을 무찔러줄 간식들이 마련된 곳이었다. 앞서 말했듯이, 2020년에 나는 12년간 일했던 중개사 사무실을 떠나 내 사업을 시작했다. 나는 평범한 사무실 대신 미래의 일터를 계획했다. 새 회사는 우리가 판매하는 상품인 '집' 같은 분위기다. 편안함을 느낄 수 있도록 포근하면서, 잠재 고객에게 좋은 인상을 줄 수 있도록 고급스럽고 세련되게 꾸몄다.

이 책을 쓰는 지금도 우리 회사에 없는 것이 하나 있다. 집 같은 분위기의 우리 사무실에는 책상이 없다. 에이전트들은 책상을 사용하는 대신 노트북을 들고 라운지에 있는 푹신한 소파에 앉거나 날씨가 좋은 날에는 옥상에서 작업하기도 한다. 사무실 같지 않은 새 사무실에서 내가 가장 좋아하는 장소는 식당에 있는 커다란 원형 식탁이다. 다양한 팀원들과 나란히 앉아 일하고 있으면 우리가 함께 뭐든 해낼 수 있는 것 같은 느낌이 든다.

새 사무실의 식당 테이블은 아주 크고, 다른 사람들을 위한 자리가 항상 마련되어 있다. 빈자리는 새로운 사람과 참신한 아이디어를 위한 공간이 항상 마련되어 있다는 것을 상징하며, 나는 이 상징이 아주 마음에 든다. 아서 왕도 그의 원탁에 항상 빈자리를 하나 남겨두었다고 한다. 빈자리는 마법사 멀린을 위한 자리였다(마법사가 없으면 전설이 아니다!). 신화에 나오는 다른 비범한 인물들처럼 멀린은 성배를 찾아 세상 밖으로 떠났는데, 사람들은 언젠가 그가 영원한 행복과 풍요, 젊음을 유지해주는 마법의 물건을 찾아 아서 왕의 원탁으로 돌아오리라 믿었다. 멀린이 영원한 젊음을 가져다줄 거라고! 그를 위해 자리를 남겨두어야지!

내가 성배를 위해 자리를 비워두지는 않겠지만, 더 멋진 무언가를 받아들일 여유를 남겨두겠다는 의도는 마음에 든다. 이렇게 생각하고 나면 테이블에 남는 의자가 보일 때, 그저 비어 있는 자리가 아니라 무한한 가능성으로 여겨진다. 빈 의자는 우리에게 새로운 기회와 더 큰 성공에 항상 열려 있어야 한다고 끊임없이 이야기한다.

수백만 달러를 벌고 싶으면 당신의 목표를 이룰 수 있게 해줄 사람들로 테이블을 채워라. 약간의 복수심을 연료 삼아 치열하게 경쟁해라. 그리고 세 가지를 기억해라. 평판을 유지하고, 다른 사람에게 일을 맡기는 법을 배우고, 항상 집중해야 한다는 것. 동시에, 항상 빈자리를 남겨둬라. 그 자리를 어떤 놀라운 가능성으로 채울 수 있을지는 아무도 모른다.

12. 기회는 언제나 문을 두드리고 있다

일을 시작한 지 2년쯤 지났을 때, 다운타운의 주거용 건물 개발을 담당하는 영업부장직 면접을 볼 기회가 있었다. 그 자리를 차지할 수만 있으면 이제 막 꽃을 피우기 시작한 내 경력에 엄청나게 도움이 될 것 같았다. 그즈음 나는 매출이 늘어나고 있었고, 경력도 꽤 쌓았으며, 좀 더 큰 거래를 맡을 자격이 있다고 생각했다. 하지만 막상 면접을 보려니 겁이 났다.

나는 뉴욕에서 가장 성공한 부동산 개발업자 중 한 명인 윈스턴 헨드릭스 씨를 만날 예정이었다. 그는 1970년대 빌리지 지역에 처음 부동산을 샀고, 몇 년 뒤 엄청난 이익을 남기고 부동산을 처분했다. 40여 년간 뉴욕 전역에 있는 집들을 사고팔면서 벽돌집 한 채로 시작한 그의 부동산 투자는 3,000만 달러짜리 부동산 제국이 될 만큼 성장했다. 그는 부동산 업계의 거물이었다. 가족이라도 그를 만나기가 쉽지 않을 것이었다. 내가 왜 긴장했는지 이해가 되지 않는가?

안내를 받아 회의실로 들어갔을 때 긴장감은 최고조에 이르렀다. 회의실은 마호가니 가구들로 가득 차 있었고, 태어나서 본 것 중 가장 넓은 회의 탁자도 있었다. 나는 눈으로 의자 개수를 셌다. 60개가 있었다. 무슨 회의를 하길래 60명이나 필요할까?

나는 앉으려다가 얼어붙었다. 어디에 앉아야 할지 감이 잡히지 않았다. 만약 이것도 테스트의 일종이라면 어쩌지? 내가 의자에 바로 앉지 않으면 결단력 없는 사람으로 보일까? 그런데 아무 의자에나 앉는다고 하더라도 좋지만은 않을 것 같았다. 내가 충동적인 사람이라고 생각하면 어쩌지? 하지만 의자가 많아도 너무 많았다. 적당한 크기의 탁자에 적당한 개수의 의자를 가져다 놓으면 안 됐던 걸까? 반거울로 내 모습을 지켜보면서 내 행동에 점수를 매기는 게 아닐까?

나는 마침내 테이블 정중앙에 앉았고 총책임자인 리아가 들어왔다. 그녀는 딱 맞는 검은색 정장 차림이었고, 당찬 걸음걸이로 테이블의 가장 끝에 가서 앉았다. 그녀와 나 사이에 의자가 열 개도 넘게 있었지만, 다행히 그녀의 목소리는 들을 수 있었다. "안녕하세요. 라이언 씨가 저희 빌딩을 맡아야 하는 이유를 설명해주시죠."

나는 미리 준비해 간 답변을 내놓으면서 각종 미사여구로 나의 엄격한 직업관과 성실함을 피력했다. 내가 말을 끝냈을 때 차장인 소피아가 들어왔다. 그녀는 테이블의 다른 쪽 끝에 앉았다. 우리 셋은 60명이 앉을 수 있는 테이블을 사이에 두고 삼각형 모양으로 앉아 있었다.

"죄송합니다, 제가 늦었네요. 안녕하세요. 저희가 왜 당신을 고용해야 하죠?" 그녀의 동료와 마찬가지로 소피아에게서도 자신감이 흘러넘쳤다. 나는 다른 미사여구를 쥐어짜 방금 한 이야기를 되풀이했고, 내가 이 일을 맡으면 건물 마케팅 측면에 신선하고 창의적으로 접근할 수 있을 것이라고 덧붙였다. 휴, 안도의 숨을 내쉬고 있을 때 다시 한번 문이 열렸다.

그 순간, 갑자기 시간이 천천히 흐르는 것 같았다. 가무잡잡하게 태닝을 한 세련된 인상의 남자가 내가 본 것 중 가장 고급스러워 보이는 정장을 입고 회의실 안으로 들어왔다. 안경마저 완벽했다. 게다가 크고 반짝이는 로즈골드 색 시계를 차고 있었다. 시계가 너무 아름다워서 눈을 뗄 수가 없었다. 아주 잠시, 나는 그에게서 뿜어져 나오는 후광을 봤다고 맹세할 수 있다. 성공한 사람의 표본 같은 그는 바로 내 맞은편에 앉더니 세 마디를 했다.

"왜 당신이어야 하죠?"

회의실은 정적에 휩싸였다. 긴장해서 마른침을 삼키는데 혀까지 목구멍으로 넘어가는 듯했다. 나는 숨을 내쉬었다. 나는 즉흥적으로 새로운 버전을 만들어 세 번째 같은 질문에 답하기 시작했다. 나는 헌신적이고 열정적이고 성실하며 신선한 아이디어가 가득한 사람이라고 다시 한번 강조했다. 윈스턴 씨가 뿜어내는 광채를 보고 나니 기회를 잡고 싶은 마음이 더 간절해졌다. 그러다가 갑자기 생각지도 않았던 말을 내뱉기 시작했다. "그리고 가슴팍에 건물 주소를 문신으로 새길 수 있을 만큼 몸과 마음을 바칠 준비가 돼 있습니다."

한참 어색한 정적이 흘렀다. 나는 윈스턴 씨의 얼굴에 잠깐 스친 옅은 미소를 봤다. "그래요, 정말 대단하군요," 리아가 말했다. "와주셔서 감사합니다. 연락드리겠습니다."

나는 괴짜가 된 것 같은 느낌으로 회의실을 나섰다. 방금 내가 문신을 하겠다고 했던가? 내 가슴팍에? 문신할 생각까지는 없었는데! 하지만 곧 머릿속이 다른 생각으로 가득 찼다. 조금 전까지 나는 자신의 삶을 100퍼센트 지배하고 있는 사람들과 커다란 회의실 테이블에 함께 앉아 있었다. 내가 거기에 있었다니! 커피 심부름을 하는 사람이 아니라 대화에 참여하는 사람 중 하나로 그곳에 있었다. 그러니까 내가 아직 세계에서 가장 긴 회의 탁자의 상석에 앉을 수는 없어도, 용기를 내면 회의 탁자 어딘가에 앉을 기회를 잡을 수 있을 만큼은 사다리를 올랐다는 의미였다.

'기회주의자'라는 단어는 보통 부정적으로 쓰인다. "네가 그네에서 떨어져서 병원에 입원해 있는 동안 케빈이 네 고객을 다 빼돌리려고 했어. 발가락이랑 손가락이 다 부러져서 자리를 비운 동료의 고객을 빼돌리는 놈이 어디 있어? 걔는 정말 기회주의자야"라는 이야기를 들으면 당신은 분노에 차서 손을 부들부들 떨 것이다.

확실히 해두자. 그런 사람은 기회주의자가 아니라 나쁜 놈이라고 불러야 한다. 상황을 이용해 이익을 취하고, 앞서나가기 위해 다른 사람을 밟고 올라서거나 이용하는 사람은 인간성이 나쁜 사람이다. 하지만 당신이 다쳐서 병원에 입원한 상황이 아니라면 케빈이 당신의 것을 훔쳤다고 할 수는 없다. 당신이 자리에 없는 동안 기회를 잡았을 뿐이다. 성공하고 싶다면 눈앞에 보이는 기회를 잡을 줄 알아야 한다. 현실을 바로 보자. 삶의 지배자가 되고 싶다면 성공한 사람들은 모두 기회주의자라는 사실을 알아야 한다. 이들은 망설임 없이 좋은 기회에 뛰어들고 폭넓게 생각하며 자신에게 찾아온 기회를 성공으로 이끈다.

재미있게도, 기회는 당신이 얼마나 준비가 된 상태인지 관심이 없다. 직장에서 원하던 부서에 자리가 났거나 꼭 고객으로 삼고 싶었던 사람이 당신의 지역을 방문했는데, 계획해둔 유럽 여행을 떠나려고 프로젝트를 서둘러 마무리하던 중이어서 기회를 잡기가 망설여진다면? 또는 그 일을 해낼 수 있을지 확신이 없어서 좀 더 고민할 시간이 필요하다고 생각한다면? 아쉽게도 기회는 이미 날아갔다. 그리고 당신보다 경력은 없지만 배짱이 더 있는 사람이 그 기회를 채갈 것이다.

기회주의자는 수백만 달러를 벌기 위해서는 행동을 해야 한다는 사실을 안다. 불안함과 두려움을 무시하고 발 앞에 떨어진 모든 기회를 좇는다는 뜻이다. 이런 기회들은 성공의 사다리를 오를 수 있도록 뒤에서 밀어주는 역할을 한다. 회사에서 팀원 열두 명을 관리하는 매니저가 필요하다고 하면, 하겠다고 해라. 제안서가 필요하다고 하면, 맡겠다고 해라. 새 제품 라인을 홍보

하기 위한 아이디어가 필요하다고 하면, 나만 한 적임자는 없다고 말하면서 얼른 나서라.

성장하거나 포기하거나

윈스턴 헨드릭스 씨와 만난 지 2시간 후 리아에게서 전화가 왔다. "지금 있는 영업부장을 해고하려고 사람을 보냈어요. 라이언 씨가 오늘 오후 6시부터 자리를 맡으세요. 괜찮으신가요?" 운동하러 가는 중이었지만 나는 당연히 "네! 그럼요. 좋습니다"라고 답했다. 리아는 곧 만나자며 전화를 끊었다. '내가 프로젝트를 따냈다! 그런데 문신은 진짜 해야 할까?'

그 건물은 내가 맡은 첫 건물이었고 2009년과 2010년에 부동산 중개인으로서의 내 기반을 견고하게 해준 첫 대형 프로젝트였다. 나만의 역량을 발휘할 수 있었던 프로젝트여서, 경제 전문지 〈블룸버그 뉴스〉에서 나를 취재하기도 했다. 나는 최연소 영업부장이었다. 우리는 새로운 잠재 고객을 끌어들일 수 있도록 새로운 마케팅을 시작해, 교통체증 없는 건물이라는 장점을 바탕으로 가장 살기 좋은 주거 공간으로 건물을 다시 브랜딩했다. 부동산에 관한 한 내가 거물이 될 수 있고, 더 큰 일을 맡을 수 있다는 사실을 뉴욕시 전체에 보여주는 계기가 됐다.

가슴팍에 주소를 새기고 싶지는 않았지만, 마음가짐만큼은 문신을 새긴 거나 다를 게 없었다. 100퍼센트 집중할 수 있는 기회가 생기면 나는 쉴 새 없이 일하며 훌륭한 팀을 꾸리고, 일을 완벽히 처리할 방법을 생각해내려고 노력했다. 이 프로젝트를 위해 내 삶을 바칠 준비가 돼 있었다. 뉴욕시에서 부동산 중개인의 세계는 잔혹하다. 경쟁에서 지고 싶지 않으면 뿌리를 깊이 박고 우뚝 설 수 있도록 무엇이든 해서 내 자리를 견고하게 만들어야만 한다.

2020년, 나와 우리 팀은 맨해튼 및 브루클린 지역 전역에서 건물 15채를 맡고 있으며, 나는 내 사업을 시작했다. 그동안 40억 달러의 거래를 성사시켰고, 업계 누구보다 신축 건물 매매를 잘한다는 평판을 듣고 있다. 하지만 우주를 뒤흔들 성공을 하고 싶다면, 갈고닦은 지식을 통해 더 많은 업적을 이뤄야 한다.

—

정복하라

—

나는 지금까지 그랬듯이, 앞으로도 부동산으로 수입 대부분을 얻을 것이다. 하지만 내가 가지를 뻗었던 다른 일들 모두 수입을 가져다주었고, 빠르게 성장하고 있다. 나는 전 세계를 다니며 강연을 하고, 유튜브에서 〈리스티드LISTED〉라는 부동산 채널도 개설했다. 체이스뱅크(내가 2만 5,000달러의 수수료를 입금했던 바로 그 은행)와 계약하고 그들의 부동산 관련 마케팅 모델로 활동하고 있으며, 〈빅 머니 에너지〉라는 팟캐스트 채널도 운영하고 있다.

내가 몸담은 모든 분야가 성공에 중요한 역할을 했지만, 나는 그중 어디에도 완전히 의존하지 않는다. 가지가 부러지면 마음이 아프겠지만 나에게는 여전히 가지를 받치고 있는 튼튼한 기둥이 있고, 더 뻗어갈 수 있는 영역을 탐색하고 있다. 지금보다 한 차원 더 높은 성공을 거머쥐고 싶다면 다가오는 기회를 발견하는 대로 정복해야 한다. 하지만 그런 기회가 대체 어디에 있다는 걸까? 우선, 너무 멀리에 있다고 생각해서 행동으로 옮기지 못했던 꿈의 직업이나 열정을 떠올려보라.

■ (비교적) 좋아하는 일을 하자

'좋아하는 일을 하면 돈은 저절로 따라온다'라는 말을 많이 들어봤을 것이다. 그런데 나는 가끔 그 사람들이 정말 부자가 됐을까 생각해보곤 한다. 어쩌면 그들은 돈을 한 푼도 벌지 못했을지도 모른다. 돈을 벌고 성공하는 게 그렇게 간단하다면 얼마나 좋겠는가.

나는 부동산 중개인이 내가 꿈꾸던 직업은 아니었다는 사실을 감추지 않는다. 지금이라도 영화배우가 될 수 있다면 좋으련만 나에게는 그런 재능이 없고, 그 사실을 스스로 너무나 잘 안다. 잘하지 못하는 일로 먹고살기 위해 아등바등하지 않을 만큼 자신에 대해 잘 알고 있다.

내가 배우로 성공할 수 없으리라는 사실을 깨닫는 과정은 혹독했다. 어떤 이유로든 내가 제2의 톰 크루즈가 되기는 글렀다는 사실을 받아들여야 했다. B급 또는 C급 배우가 됐어도 나는 행복했을 테지만, 내 재능은 그 정도에도 못 미쳤다. 그래서 월세를 밀리지 않고 입에 풀칠이라도 하려면 '진짜' 직업을 가져야만 하는 뼈아픈 현실을 마주해야 했다.

원했던 대로 꿈이 이루어지지 않더라도 완전히 포기해야 하는 것은 아니다. 연기에 대한 나의 식지 않는 사랑은 〈밀리언 달러 리스팅-뉴욕 편〉이라는 기회가 찾아왔을 때 열심히 달릴 수 있는 원동력이 됐다.

몇 년 동안 실패를 맛보며 절망 속에 살다가 마침내 기적적으로 TV에 출연했을 때 나는 궁금했다. 나의 진짜 직업이자 톰 크루즈만큼의 수입을 가져다주는 부동산 일을 하면서 연기에 대한 나의 진심도 활용할 수 있는 방법이 있을까? 둘 다 활용할 방법이 있지 않을까?

내가 브로드웨이에서 공연할 수는 없겠지만, 연기 경력이 있었던 덕분에 수천 명 앞에서 경력 개발에 도움이 되는 주제로 강연을 할 수 있게 됐고 나는 이 일을 사랑한다. 강연할 때면 에너지가 생기고, 연기할 때처럼 청중과 하나가 되는 것 같은 감정을 느낄 수 있다.

브이로그도 내 전문 분야인 부동산 관련 콘텐츠를 통해 공연에 대한 애정을 표출하는 동시에 이익을 창출하는 창구다. 새빨간 색 민소매 재킷에 반바지를 입고 집을 보여주는 콘텐츠나 화려한 분홍색 모피 코트를 입고 텍사스주에 있는 TV가 스물일곱 개나 설치된 저택을 구경하는 콘텐츠 등을 업로드한다. 리처드 기어의 아들 역은 따낼 수 없을지 몰라도, 나는 지금 재미있는 의상을 입고 세상에서 가장 잘나가는 부동산 브랜드를 키우는 중이다.

이런 공연 예술이 너무 재미있는 데다 부동산 중개인으로서 내 브랜드를 확장하고, 영향력을 넓히고, 구독자를 늘리고, 결국은 돈을 더 많이 버는 데에도 도움이 되니 여러모로 나에게 딱 맞는다고 생각한다.

루이비통에 버금갈 멋진 패션 디자이너가 되고 싶었던 꿈을 이루지 못하도록 세상이 코앞에서 문을 닫아버렸더라도, 문 안으로 들어가는 다른 방법을 영원히 찾을 수 없는 것은 아니다. "엿이나 먹어라, 세상아!"라고 외친 후 문 안으로 들어갈 새로운 방법을 찾아보자. 그 열정을 활용해 사업을 확장하고 더 폭넓은 서비스를 제공할 수 있을지 생각해보는 것이다.

어떤 분야든 틈새시장이 존재한다. 사람들은 거대한 크리스털 말 조각상과 3층짜리 옷장이 있는 거대한 집을 구경하고 싶어 한다. 내가 좋은 집을 구경하는 영상을 업로드할 때마다 점점 우리 채널의 구독자가 늘어나고, 구독자는 고객이 된다. 가지를 더 넓게 뻗고 싶으면 당신의 열정과 재능과 호기심을 깨우고, 문제점을 해결하고, 엄청난 성공 스토리를 쓰는 데 활용할 방법을 생각해봐야 한다. 창의적인 사람이 아니어도 괜찮다. 기회주의자의 눈으로 자신의 틀을 깨는 다른 방법을 찾기만 하면 된다.

온실에서 벗어나자

마침내 우리 세 가족이 2년에 걸쳐 개조한 타운하우스로 이사했을 때, 나는 우리가 귀여운 잠옷을 맞춰 입고 영화를 보는 모습과 내가 앞치마를 두르고 팬케이크 만드는 모습을 머릿속에 그렸다. 제나가 처음 자전거를 타고 도로를 달릴 때 얼마나 뿌듯할지도 상상했다. 우리 딸이 자기 부모의 사업가 기질을 물려받아 레모네이드 가판을 차릴 배짱이 있다면 얼마나 좋을까. 내가 그렸던 삶은 그런 모습이었다. 귀여운 잠옷, 일요일 브런치, 레모네이드 사업을 하는 우리 딸! 그리고 월요일이 오면 나는 정장을 입고 넥타이를 고쳐맨 뒤 회의를 하러 사무실로 가겠지. 멋진 삶이다. 하지만 편안한 온실 안에만 머물면 가지를 뻗을 기회를 놓치고 말 것이다. 나는 온실에서 벗어나야 했다.

한 달에 두 번 나는 '성장 과제'를 위해 따로 시간을 낸다. 이 시간은 새로운 아이디어를 접할 수 있도록 흥미롭고 창의적인 사람들을 만나는 데 활용한다. 솔직히 말해 달력에 '성장 과제'라고 표시된 것을 보면 속이 울렁거린다.

'성장 과제'는 하고 싶은 마음이 샘솟는 일은 아니어서 꼭 따로 시간을 내도록 달력에 표시해야 한다. 나는 성장 과제 시간에 보통 사람들을 만나 인맥을 쌓는다. 당신이 어떻게 생각하든 나는 이 시간을 그다지 좋아하지 않는다. 생각만 해도 메스꺼워지는, 너무 싫어하는 일이라 일부러 더 하려고 노력하는 일이기도 하다. 내 직업의 일부이고, 꼭 하기로 마음먹은 일이며, 나는 내가 하기로 결심한 일은 꼭 하는 어른이다.

내가 정말 좋아하는 것이 무엇인지 아는가? 어울리지 않는다고 생각할지 모르겠지만, 게임이다. 그래서 성장 과제를 위해 GTA 게임을 하는 사교 모임을 주최하기도 한다. 어느 모임에 가든 나는 가장 똑똑한 사람을 만나기 위해 노력한다. 그 방에서 가장 똑똑할 것 같은 투자 은행가와 주택담보대출에 대해 흥미로운 대화를 나눈다. 그 사람이 방에서 제일 똑똑한 사람인지는 어떻게 알까? 모른다! 그러니까 조금 더 확인하는 과정을 거쳐야 하고, 결국 다른 사람과 이야기하게 된다. 반드시 제일 똑똑한 사람을 찾아야지. 어, 그래픽 디자이너도 깜짝 놀랄 만한 아이디어를 가지고 있잖아? 이 사람이 가장 똑똑한 사람일까? 아직 모른다. 한 사람이랑만 더 대화해보자. 그러다가 마침내 온라인 학습에 일가견이 있는 사람을 만나 이야기하게 된다. 정말 똑똑한 사람이다. 그는 나에게 온라인 강좌를 열어보라는 아이디어를 준다.

나는 성장 과제를 하러 갈 때면 잠자리에 들기 싫어하는 어린아이처럼 징징거리지만, 집으로 돌아오는 길에는 '빼먹었으면 어쩔 뻔했어?'라고 생각하곤 한다. 모임에 참석하지 않았더라면 투자 대출을 활용하는 참신한 방법이나 미디어 사업에 대한 아이디어, 결정적으로 온라인 강좌에 대한 아이디어를 얻을 수 없었을 것이다. 자신의 온실에서 나오면 더 많은 기회를 창출할 수 있다.

당신의 온실은 어떻게 생겼는가?

성장 과제를 주기적으로 하기 시작하면서 새로운 아이디어를 정말 많이 얻을 수 있었다. 말도 안 되는 아이디어도 많았다. 내가 아이스크림을 좋아하기는 하지만 제로 칼로리 아이스크림을 만들자고 에너지를 쏟을 수는 없었다. 그런 아이디어들은 젖혀뒀다. 반면, 콘텐츠 제작을 도와주는 사람을 고용하는 아이디어처럼 바로 시도해보고 싶은 아이디어가 생기면 당장 실행에 옮겼다. 아이디어가 떠오르면 새로운 가지가 우리 팀이 성장하는 데 어떤 도움이 될지 팀과 함께 고민한다. 기회가 성공으로 이어지는 방식은 이렇다. 기회를 포착하면 행동하고, 결과물을 내고, 결국은 돈을 더 벌 수 있다.

온라인 강좌를 개설하는 아이디어는 흥미로웠지만, 현실로 옮기는 데 필요한 시간이나 직원이 아직 마련되지 않았다. 이런 아이디어들은 '미래의 라이언'이라는 라벨이 붙은 파일에 고이 저장한다.

미래의 라이언 파일은 앞으로 이루고 싶지만 시간과 인력이 마련될 때까지 기다렸다가 실행해야 하는 목표를 저장한 파일로, 항상 내 책상 위에 둔다. 나는 이 파일을 매달 들여다보면서 목록을 추가하고 실행 가능한 아이디어가 있는지 검토한다.

이 책도 성장 과제를 통해 얻은 결과물이다. 만약 〈밀리언 달러 리스팅-뉴욕 편〉에 출연하지 않았다면 〈셀 잇 라이크 서핸트〉 쇼도 진행하지 못했을 것이고, 뉴욕시 부동산 중개인들을 대상으로 마스터 클래스를 열지도 못했을 것이다. 성공한 중개인들 앞에서 강연하면서 '와, 이런 사람들 앞에서도 할 말이 있구나!' 하는 생각이 들었고, 그때 내가 책을 쓸 만큼 지식이 충분히 쌓였다는 사실을 깨달았다.

성장 과제를 하러 모임에 가는 길에 '흠, 나는 잘하고 있어. 돈을 잘 벌고 있잖아? 집에 가서 영화나 한 편 봐야겠다'라고 생각하며 쉬운 길을 택했다면 이 모든 것을 이룰 수 없었을 것이다. 영화를 보는 것도 물론 즐겁지만, 수백만 달러를 벌 새로운 기회를 발견하는 데에는 별 도움이 못 된다. 온실에서 벗어나 가지를 뻗어보자!

기회주의자들은 끊임없이 성장할 기회를 찾는다. 그리고 성장을 거듭한다. 다가오는 기회를 붙잡아 최대한 이용한다. 기회주의자들에게 성공의 기운이 흐르는 이유는 그들이 항상 다음 기회를 찾아 귀를 기울이고 있어서다. 새로운 아이디어가 떠오르면 그들은 다음 날 아침에 일어나 새로운 기회를 붙잡을 생각에 미소를 지으며 잠자리에 든다.

—

고맙지만 됐어요

—

첫 건물 거래를 성공적으로 마치고 생각한 것이 한 가지 있다. 나는 더 큰 FO에 집중하고 싶었다. 요리 이름처럼 들리기도 하지만 FO는 'Future Opportunities', 즉 미래의 기회라는 뜻이다.

개인이 이룰 수 있는 성공의 정도에 제한이 없다면 좋겠지만, 아쉽게도 그렇지 않다. 내가 오늘 해낼 수 있는 일에는 제한이 있다. 하지만 내년이나 다음 주에 할 수 있는 일에는 제한이 없다. 시간이 내게 힘을 보태주기 때문이다. 당신이 나와 같은 유형의 사람이라면 들어오는 일을 거절하기가 끔찍하게 싫을 것이다. 하지만 큰일을 하고 싶다면 시간을 벌어줄 기회를 붙잡아야 한다. 월셋집을 얻어 한쪽에 요가 학원을 차리는 것처럼 당장 손에 쥘 수 있는 기회가 있는가 하면, 앞으로 다가올 더 큰 기회도 있다. 우리는 현재를 위해 살아왔고, 그것만으로도 괜찮다. 하지만 남보다 앞서나가 수백만 달러를 벌고 싶다면, 부동산 투자를 시작하거나 요가 스튜디오 체인을 차리는 것 같은 더 큰 목표를 바라봐야 한다. 나 역시 건물 전체 거래를 책임지는 사람이 되고 나니 더 큰 기회를 붙잡고 싶어졌다.

나는 프로젝트를 맡을 때마다 이를 통해 앞으로 얼마나 기회를 얻을 수 있을지 평가하기 위해 자신에게 세 가지 질문을 던지곤 했다.

첫째, 일을 마치는 데 몇 분이 소요되는가?

지금쯤 당신은 내가 시간을 빼앗기지 않으려고 필사적으로 노력하고 있다는 사실을 눈치챘을 것이다. 시간은 금이다. 그래서 걸리는 시간의 값어치만큼 충분한 수익을 얻을 수 있는지 분석하는 작업은 매우 중요하다. 일을 마치기 위해 1,000분이 드는데 수수료 또는 수익으로 1,000달러밖에 벌 수 없다면 그 일은 고맙지만 사양해야 하는 작업이다. 시간이 많이 들수록 수익도 늘어야 마땅하다. 시간이 너무 많이 들 것 같다면 어떻게 해야 할까? 프로젝트가 시작부터 복잡하게 흘러간다면, 나는 들어가는 시간만큼 잠재 수익이 충분한지 분석할 것이다. 걸리는 시간만큼의 가치가 없다면 당신이 고용한 신입 팀원에게 일을 넘겨주는 편이 낫다.

둘째, 더 큰 기회로 이어질 수 있는가?

머릿속이 조금 복잡해지겠지만, 생각할 것이 하나 더 있다. 1,000분이 소요되는데 그저 그런 수수료밖에 못 받는 프로젝트라면 당연히 "고맙지만 됐어요"라고 외쳐야 하겠지만, 더 큰 프로젝트를 여러 건 가지고 있는 개발업자와 일할 기회라면 프로젝트를 받아들이는 편이 이득이다.

셋째, 귀중한 인맥을 만들 수 있는가?

개조하지 않은 오래되고 낡은 저택은 팔기가 힘들다. 사람들은 마구 어질러진 주방이 아니라 깔끔하고 세련된 주방을 원한다. 이런 집을 하나 팔려면 시간을 엄청나게 들여야 한다. 하지만 단칼에 거절하기 전에, 그 저택을 좋은 값에 판다면 같은 동네에 있는 다른 집들을 좋은 가격에 팔 기회를 만들 수 있을지 생각해보자. 이 기회를 발판 삼아 동네의 다른 매물을 확보하면 큰돈을 벌게 될 수도 있다. 확실한 기회를 물어다 줄 입소문이라는 추천서를 얻을 수 있을 것 같다면 프로젝트를 받아들여라.

가지를 뻗을 때는 할 수 있는 최선을 다해 상황을 분석하자. 시간이 얼마나 걸릴까? 어떤 보상을 받게 될까? 열심히 일한 만큼 보상을 받을 수 있을까? 지금 일을 시작하면 나중에 훨씬 큰 기회를 얻게 될까? 가지를 넓히기 위해 노력하고 있다면 다가올 기회가 더 많은 가지를 붙잡고, 가치나 보수가 크지 않으면서 에너지만 소모하는 일은 다른 사람에게 맡기자.

—

안전한 길을 택하지 말자
—

처음 뉴욕으로 이사해 한인타운 근처에서 살던 때, 아침에 눈을 뜨면 침대 반대편에 있던 벽이 가장 먼저 보였다. 지저분한 벽에는 담배 연기 같은 희뿌연 색이 칠해져 있었다. 매일 아침 우중충한 벽을 보며 아쉬운 것투성이인 우울한 내 삶을 마주하곤 했다. 벽이 말을 할 수 있었다면 아마 나에게 "좋은 아침이야, 라이언. 우울한 인생의 또 다른 하루가 시작됐어"라고 아침 인사를 건넸을 것이다. 남은 삶 동안 매일 아침 그런 경험을 하고 싶지는 않았다.

나는 좀 더 나은 풍경을 상상하기 시작했다. 잠에서 깨면 눈을 뜨기 전에 내가 펜트하우스에 살고 있다고 상상했다. 상상속 펜트하우스는 내가 사랑하는 소호 지역에 있었다. 당시 내가 살던 집과는 달리 여러 개의 침실이 있고, 창밖으로는 맨해튼이 내려다보였으며, 나만의 작은 테라스도 있는 집이었다. 반짝반짝 빛나는 대리석 욕실에는 뉴욕의 다른 고급 아파트와 마찬가지로 해바라기 샤워기와 마법 지팡이처럼 생긴 샤워기가 설치된 부스가 있고, 나는 매일 아침 그 욕실에서 샤워할 것이다. 무엇보다 이 욕실은 온전히 내 것이어서 샤워를 하려고 줄을 서서 기다릴 필요도 없다. 집의 다른 부분은 고급 가구들로 기품 있게 꾸며져 있을 테고, 벽 역시 칙칙한 색으로 대충 칠해진 게 아니라 예술 작품이 걸려 있을 것이다.

몇 년이 걸리겠지만 소호에 있는 펜트하우스를 가질 수만 있다면 더는 바랄 게 없었다. 침대에 누워 꿈꾸는 삶을 상상한다고 바로 현실이 되지는 않지만, 세상 밖으로 나가 열심히 일해서 돈을 벌어야겠다고 생각하게끔 동기를 자극한다. 정말 원하는 것에 집중하면 위험도 감수할 수 있게 된다. 잔고장 없는 자동차를 타고 달리면 얼마나 신날지 상상하다 보면 지난주에 만난 새로운 고객에게 전화를 걸고 싶어질 것이다. 룸메이트 없이 혼자 살고 싶은가? 돈을 더 많이 벌어서 집에만 있어도 콧노래가 절로 나오는 곳으로 이사할 수 있도록 승진 기회를 꼭 붙잡으면 된다. 세상을 구하는 일을 하는 자신을 대견해하며 잠에서 깨고 싶은가? 그러면 벌떡 일어나서 출근하고 싶게 하는 직업을 찾아 나서라.

더 큰 꿈을 이뤄 큰돈을 벌면 어떤 삶을 살 수 있을지 상상하는 시간을 매일 가져보자. 유럽으로 호화롭게 휴가를 떠나거나 자녀의 대학 학비를 댄다고 상상해보라. 자녀가 졸업 가운에 학사모를 쓰고 졸업생 대표로 연설을 하러 무대에 오른다고 생각하면 신이 나지 않는가? 그런 상상이 동기를 강하게 부여해줄 것이다. 신용카드 빚을 다 갚고 신용카드 대금일에도 아무 걱정 없이 공원 잔디에 누워 하루를 즐길 수 있는 삶을 상상할 수도 있다. 자기 사업을 시작하고 싶다면, 아침에 당신 소유의 회사로 출근하는 기분이 어떨지 상상해보라. 무엇이든 할 수 있다는 것을 깨닫고 간절히 원하는 미래를 마음껏 상상하면 더 열심히 일할 수 있고, 새로운 기회를 탐색할 수 있고, 꿈을 현실로 옮기기 위해 창의적인 방법을 생각할 수 있게 된다.

나는 지금 우리 가족의 펜트하우스 식탁에서 이 글을 쓰고 있다. 매일 아침 칙칙한 벽을 보면서 '그래, 나에게 어울리는 삶이야'라고 생각했다면 여기까지 오지 못했을 것이다. 목표를 더 높게 잡아라. 일단 원하는 것을 얻고 나면 꿈이 바뀌어서 새로운 목표가 생길 것이다. 이 원고를 쓰는 동안, 브루클린의 부촌인 보럼힐 지역에 남은 마지막 개인 주택인 760제곱미터짜리 타운하우스를 개조하는 공사가 한창이다. 나는 그 집을 오랫동안 꿈꿨고 결국 얻었다.

돈을 더 벌고 싶다면 안전한 길로만 가서는 안 된다. 안전한 길도 나쁘지는 않다. 평범하게, 그럭저럭 괜찮은 수입으로 누릴 수 있는 모든 평범함을 누리며 살 수 있을 것이다. 하지만 당신은 평범하지 않다! 안전지대에서 나와 돈을 더 벌기 위해 무엇을 해야 할까? 지금까지 생각한 것 중 가장 엉뚱했던 아이디어를 떠올려보라. 정말 엉뚱하기만 한 아이디어였을까? 당신의 발목을 잡는 것은 무엇인가? 새로운 가능성을 열어두고, 안전제일주의는 잊어버려라. 위험을 감수해야 한다! 평범함에 작별 인사를 고하고, 위험을 감수하면 무엇을 쟁취할 수 있을지 지켜보자.

세 번째 주문

나는 당신이 얼마나 간절히 꿈을 이루고 싶어 하는지 안다. 부정적인 에너지나 자신에 대한 의심으로 당신을 지치게 하지 마라. 성공하려면 긍정적인 기운을 내뿜어야 한다.

나는 긍정적이다.
나는 포용력이 있다.
나에게는 성공의 기운이 넘친다.
나는 성공의 기운을 지닌 사람이다.

■ 긍정적인 에너지

세상을 보는 방식은 우리가 어디까지 성공할 수 있느냐에 엄청
난 영향을 미친다. 세상이 시궁창이라고 생각하면 계속 언짢은
일만 생길 확률이 높다. 그런 부정적인 마음가짐으로는 성공으
로 가는 길을 찾을 수 없다. 어떤 상황에서도 불평할 거리를 찾
는 습관을 떨쳐버렸을 때 내 삶의 가능성이 활짝 열렸다. 해결
책이 전혀 없어 보이는 상황에서도 해결책을 찾을 수 있었고,
절대 내게 오지 않을 것 같던 기회를 찾기도 했다. 나아가, 긍정
적일 뿐만 아니라 삶의 목표를 더 높게 잡고 큰일을 하고 싶어
하는 사람들과 인맥을 쌓게 됐다. 이 모든 것을 성취할 힘이 당
신 안에 있다. 긍정적인 에너지에 주파수를 맞추고 볼륨을 올
렸을 때 당신이 무엇을 성취할 수 있을지 지켜보자.

| 1단계 | 긍정적인 일과 부정적인 일 목록을 작성해보자

• 시간을 내서 하루 동안 있었던 긍정적이거나 부정적인 경험을
  적어 밝은 면을 보도록 뇌를 훈련하자. 미리 말해두자면, 긍정
  적인 경험 목록이 더 길어야 한다.

| 2단계 | '보호벽, 계획, 꾸준함'을 기억하자

- 성공의 기운을 보호할 수 있는 튼튼한 보호벽을 쌓자.
- 미래의 기회들로 이어지는 로드맵을 그리자.
- 경쟁에서 이기기 위해 가속도를 유지하자.

| 3단계 | 성장 과제를 수행할 시간을 내자

- 온실에서 나와 다른 사람들을 만나고 새로운 것들을 배우자.

13. 나라고 안 되라는 법 없다!

일주일은 7일이고 '언젠가'는 그중에 없다. 나는 절대 '그때 그랬어야 했는데'라고 후회하며 늙고 싶지 않았다.

강연을 마친 후 공항에 내려서 마중 나온 유리를 만나 맨해튼으로 돌아가다 보면 뉴욕시에서 가장 큰 공동묘지인 캘버리 묘지가 나온다. 캘버리 공동묘지에는 300만 명이 마지막 안식을 취하고 있다. 비석이 끝도 없이 이어지고, 그 너머로는 도시의 스카이라인이 펼쳐져 있다. 그렇게 멋진 뷰를 생각하면 마지막 안식처로 최고의 입지가 아닐까 싶다.

공동묘지를 지날 때면 사는 동안 정말 좋은 아이디어가 떠올랐다고 생각했던 사람이 몇이나 묻혀 있을까, 그중 생각을 실천에 옮긴 사람은 몇이나 될까가 궁금해진다. 그 수많은 사람이 묘지에 묻히기 전에 언젠가는 아이디어를 실천하리라고 생각했을 것이다.

아이디어는 실행하지 않으면 소용이 없다. 그러므로 기회주의자나 지름길을 아는 사람을 미워해서는 안 된다. 오히려 이런 사람들이 인생의 과제를 처리하는 방법을 통해 자극을 받아야 한다. 기회를 붙잡아 원하는 것을 이루는 그들의 능력을 보며 동기가 강해져 당신이 더 높은 성과를 내고 성장을 이어갈 수 있게 하자.

나는 내가 새로운 방향으로 성장할 수 있다는 것을 잘 안다. 허드슨 호텔 로비에서 나와 같은 기회를 좇아 모여든 중개인 수천 명에 둘러싸여 있을 때, 나라고 안 되라는 법이 있느냐며 불안한 마음을 추슬렀던 때를 여전히 기억한다. 처음 영업 책임을 맡게 됐던 건물의 주소를 가슴팍에 새겨 넣지는 않았지만, 만약 문신을 했다면 '나라고 안 될 이유는 없다WHY NOT ME?'라고 새겼을 것이다.

어수룩한 차림을 한 채 고객 앞에만 서면 덜덜 떨던 20대 중반에는 몰랐지만, 나의 성공은 '나라고 안 될 이유가 뭐야?'라는 생각에서부터 시작됐다. 내가 아니면 다른 누군가가 그 자리를 차지할 것이다. 그 생각은 내가 원하는 삶을 쟁취하는 데 필요한 힘을 주었고, 다른 사람들과 마찬가지로 내게도 큰 성공을 거둘 권리가 있다는 사실을 이해할 수 있게 해줬다.

멋진 삶의 조각들을 하나하나 맞춰가다 보면 더는 앞으로 나아갈 수 없을 것 같은 순간에 부닥칠 것이다. 눈앞의 문제에 압도당했을 때는 특히 그런 생각이 든다. 그래도 괜찮다. 그런 순간을 마주하는 사람이 당신만은 아니다. 꿈을 좇는 과정에서 포기하고 싶다고 생각하는 사람은 당신 말고도 많다. 그래도 계속 앞으로 나아가라. 당신이라고 안 될 이유가 있는가? 나는 당신이 준비됐다는 사실을 말해주려고 이 책을 쓰고 있다. 나를 (아직) 믿지 않는다면 다음 내용을 한번 생각해보라.

—
더 많이 쟁취할 준비가 됐다는 증거
—

▪ 전문가의 경지에 올랐다

사람들이 다음 개발 프로젝트에 대해서 또는 새로운 디지털 마케팅 전략을 어떻게 적용해야 할지에 대해서 당신의 의견을 묻는다면, 축하한다. 당신은 다른 사람들의 정신적 지주가 됐다고 할 수 있다. 그 말은 당신이 전문가라는 뜻이다. 해야 할 일을 잘 이해하고 있다는 뜻이며, 더 큰 일을 처리할 능력이 있다는 명확한 신호다.

▪ 기대치를 넘어서는 일이 반복된다

경력을 쌓다 보면 맡은 일을 처리하기가 쉬워지는 때가 온다. 이런 능력은 주목할 만하며, 당신을 더 멀리 데려다줄 발판이 되어줄 것이다. 계속해서 고객이나 손님의 기대치를 넘는 결과물을 보여주고 있다면, 당신이 더 큰 일을 할 능력이 있다는 뜻이다. 더 큰 일을 향해 나아가자!

▪ 당신을 위해 일하는 팀이 준비되어 있다

당신의 브랜드는 끊임없이 성장을 거듭하고 있고 훌륭한 인재들이 곁에 있다. 당신의 팀은 조화를 이루며 프로젝트를 위해 협력하고, 효율적인 시스템 또한 갖췄다. 업무가 순조롭게 진행되고 있고, 필요한 인력이 준비되어 있다면 기다릴 필요 없이 가지를 뻗어나가면 된다.

리얼리티 쇼에 출연한 것부터 내 사업을 시작하고 팟캐스트 채널을 개설한 것까지, 살면서 해온 모든 일은 삶과 경력이 엄청나게 빠르게 흘러가고 있을 때 내가 노 젓기를 멈추지 않았기에 이룰 수 있었다. 회사를 확장하는 것이든, 새 회사를 차리는 것이든, 아니면 수익을 낼 수 있는 부업 아이디어든 좋은 생각이 있으면 배에 올라타 노를 젓기 시작해라. 당신의 아이디어는 사람들에게 들려줄 가치가 있으며, 당신은 주목받을 자격이 있고 원하는 삶을 살 자격이 있으니 물길을 따라 계속 하류로 내려가라.

처음에는 유속이 느린 지점에서 시작하게 될 것이다. 강물도 깨끗해서 앞에 다가오는 위험이 뚜렷하게 보일 것이다. 하지만 곧 당신의 자신감을 깎아내리는 거친 물살을 만나게 될 것이다. 그럴 땐 가라앉지 않도록 계속 노를 저으면 된다. 다음에 등장할 협곡에서는 배를 조종하기가 더 힘들어질 것이다. 물살이 너무 세서 배가 뒤집히는 바람에 물에 빠질지도 모른다. 하지만 그런 일이 일어나더라도 다시 배에 올라타면 된다. 강이 세차게 흐른다고 하더라도 결국 당신은 앞으로 나아가는 데 필요한 힘과 함께 자신감을 얻게 될 것이다. 거친 물살을 겨우 벗어났다고 안심할 때쯤 당신을 놀라게 할 만한 일을 또 겪을 수 있다. 당신은 강을 벗어나 이제껏 경험했던 것보다 더 큰 파도가 치는 바다를 만나게 된다. 하지만 두려워할 필요 없다. 이제 파도를 거스르며 헤엄칠 수 있기 때문이다. 강에서 능력을 충분히 검증받은 당신은 다가올 모든 역경을 뚫고 원하는 지점에 닿을 수 있을 것이다.

계속 노를 젓지 않는다고 해도, 배를 버리고 강둑으로 기어오른다고 해도 문제 될 건 없다. 하지만 당신의 뒤를 초조하게 따라오던 누군가가 곧 당신의 배를 차지할 것이다. 당신이 하지 않으면 다른 누군가가 당신의 자리를 대신 차지한다. 어차피 누군가가 차지할 자리라면 당신이 차지하지 말아야 할 이유가 무엇인가?

당신이 다른 사람들만큼 성공할 자격이 충분하다고 굳게 믿어야 한다. 멋진 삶을 완성하는 데 필요한 조각들을 맞추다 보면 앞으로 나아갈 수 없을 것 같고, 눈앞에 놓인 과제를 해결할 수 없을 것 같은 순간들이 있을 것이다. 괜찮다. 다른 사람들도 모두 그런 생각을 한다. 꿈을 좇다가 포기하고 싶다는 생각을 하는 사람이 당신만은 아니다. 그래도 배에 남아 계속 노를 젓고 강을 따라 내려가라. 당신이 아니어야 할 이유는 없지 않은가. 대담하게 계속 앞으로 나아가라. 당신은 주인공이 될 자격이 충분하다. 성공은 100퍼센트 당신의 것이라는 사실을 잊지 마라. 성공의 기운이 당신을 얼마나 멀리 데려다줄 수 있을지 지켜보라.

감사의 글

내가 한 걸음 나아갈 때마다 더 큰 꿈을 꿀 수 있도록 격려해주는 아내 에밀리아, 정말 고마워. 가끔 인상을 찌푸리기는 하지만, 내가 더 큰 목표를 향해 나아갈 때 역량을 다할 수 있다는 사실을 알고 내 등을 떠밀어주는 당신에게 마음속 깊은 곳에서는 항상 고마워하고 있어.

태어난 순간부터 지금까지 언제나 힘을 주시는 부모님. 어머니, 아버지께서 끊임없이 조언해주지 않으셨다면(흘려들을 때도 많았지만) 지금 제가 무엇을 하고 있을지 상상조차 할 수 없습니다.

나와 함께 누구보다 많은 부동산 거래를 성사시키는 우리 팀원들, 내 머릿속에 있던 아이디어를 세상이 이해할 수 있는 언어로 바꿀 수 있도록 도와준 파올라 발처 비탈레, 유나이티드 탤런트 에이전시의 브랜디 볼즈와 나타샤 볼루키에게도 감사의 말씀을 전합니다.

편집자 크리샨 트로트맨, 캐리 나폴리타노, 메리 앤 네이플즈, 미셸 아이엘리, 마이클 바스, 사라 폴터, 모니카 올루웩, 크리스틴 마라, 그레이 커틀러 그리고 아셰트 북 그룹 영업팀을 비롯해 다시 한번 나를 믿어준 출판사 아셰트의 모든 가족, 그리고 성공의 기운을 믿고 따르는 모두에게 감사의 말씀을 전합니다.

더 멀리 가고자 하는 당신의 용기는 나에게 엄청난 영감이 됩니다. 다음번 모퉁이를 돌면 당신이 원하는 삶이 펼쳐질 것입니다. 계속 노를 저으시길. 곧 만날 날을 고대합니다.

BIG MONEY ENERGY

나의 성공은 '나라고 안 될 이유가 뭐야?'라는 생각에서부터 시작됐다. 내가 아니면 다른 누군가가 그 자리를 차지할 것이다. 그 생각은 내가 원하는 삶을 쟁취하는 데 필요한 힘을 주었고, 다른 사람들과 마찬가지로 내게도 큰 성공을 거둘 권리가 있다는 사실을 이해할 수 있게 해줬다. 대담하게 계속 앞으로 나아간다면 당신도 충분히 성공할 수 있다.

빅 머니 에너지

초판 1쇄 인쇄 2021년 10월 25일 **초판 1쇄 발행** 2021년 11월 03일

지은이 라이언 서핸트
옮긴이 배지혜
펴낸이 이승현

편집2 본부장 박태근
편집 임경은
디자인 함지현

펴낸곳 ㈜위즈덤하우스 **출판등록** 2000년 5월 23일 제13-1071호
주소 서울특별시 마포구 양화로 19 합정오피스빌딩 17층
전화 02) 2179-5600 **홈페이지** www.wisdomhouse.co.kr

ISBN 979-11-6812-037-2 03320